W] CYMRAEG

WILLIAM MORGAN
A'R
BEIBL CYMRAEG

ENID PIERCE ROBERTS

ⓗ Enid Roberts 2004 ©

ISBN 1-904845-07-X

Cydnabyddir nawdd yr Eglwys yng Nghymru
Esgobaethau Llanelwy a Bangor

Cyhoeddwyd gan Enid Roberts
Argraffwyd gan Wasg y Bwthyn, Caernarfon

CYNNWYS

Cyflwyniad	9
Rhagair	11
1. Beiblau cynnar a'r angen am gyfieithiad newydd	13
2. Cyfieithu i'r Gymraeg: William Salesbury	17
3. William Morgan: Cynefin ac addysg gynnar	21
4. Y daith i Gaer-grawnt	28
5. Caer-grawnt: Bywyd ac addysg myfyrwyr	32
6. Llanrhaeadr-ym-mochnant: Cyfieithu'r Beibl	37
7. Yr argraffu	45
8. Llafur pellach a dyrchafiad	53
9. Diweddglo	58
Darllen pellach	61

MYNEGAI I'R LLUNIAU

Llun tybiedig o William Morgan	6
Tŷ-mawr Wybrnant	22
Edmwnd Prys	26
Y Tabled Coffa yng Ngholeg Ieuan Sant, Caer-grawnt	34
Llawysgrifen William Morgan ac Edmwnd Prys	40
Llawysgrifen John Davies a Jaspar Gryffyth	41
Wyneb-ddalen Beibl 1588	46
Addurniadau o Feibl 1588	48
Priflythrennau Beibl 1588	50
Priflythyren a thestun o Lyfr Gweddi 1599	54
Priflythyren a Salm o Lyfr Gweddi 1599	55

Llun tybiedig o William Morgan, gwaith Thomas Prytherch,
tua diwedd y 19 ganrif

Llun: Llyfrgell Genedlaethol Cymru

*Ar 10 Medi 1604 bu farw un o gymwynaswyr
mwyaf Cymru a'r iaith Gymraeg,
yr Esgob William Morgan,
y gŵr a roddodd inni'r Beibl cyfan,
y ddau Destament a'r Apocryffa,
yn ein hiaith ni ein hunain.*

CYFLWYNIAD

'Cenedl heb iaith, cenedl heb galon,' meddai'r hen ddihareb, ac eleni, fel yn y flwyddyn 1988, cawn gyfle fel Cymry i gofio am un a wnaeth fwy nag unrhyw un arall i sicrhau bod gennym iaith a honno'n iaith fyw. Ei enw wrth gwrs yw'r Esgob William Morgan, ysgolhaig, diwinydd, ac un o gymwynaswyr mawr Cymru'r unfed ganrif ar bymtheg. Ar y 10fed o Fedi 2004 byddwn yn cofio bod pedwar can mlynedd wedi mynd heibio ers pan fu farw. Priodol iawn felly yw dwyn i sylw Cymru gyfan, yn enwedig y to ifanc, hanes ei gamp mawr yn cyfieithu'r Beibl i Gymraeg a hanes y cyfeillion hynny fu yn ei gynorthwyo. Bu rhai ohonynt yn braenaru'r tir iddo cyn 1588 ac eraill wedyn yn cael cyfle i wneud y gwelliannau oedd yn angenrheidiol i'r Beibl arloesol hwnnw wrth i amser dreiglo a dysg symud yn ei flaen.

Ers pedair blynedd bellach yr wyf wedi bod yn rhan o grŵp bychan o Eglwyswyr ym Mangor sydd yn dod ynghyd yn fisol i drafod y Beibl trwy gyfrwng y Gymraeg. Yr Esgob William Morgan, trwy ei lafur diflino bedair canrif yn ôl a sicrhaodd ei bod hi'n bosib i mi ac eraill wneud hynny. Braint i mi felly, yw cael ysgrifennu ychydig eiriau o gyflwyniad i'r llyfryn hwn sy'n clodfori ei gamp. Fe'i bwriadwyd yn wreiddiol ar gyfer y dathliad hwnnw yn 1988, ond rywfodd, rywsut, ni welodd olau dydd bryd hynny. Eleni, fodd bynnag, manteisiodd yr awdur, Dr Enid Pierce Roberts, ar y cyfle i gyhoeddi'r gyfrol werthfawr hon a rhoi William Morgan yn ei briod le ar ganol llwyfan hanes y Cymry unwaith yn rhagor. Llwyddodd Dr Enid, yn ôl ei harfer, i gyflwyno i ni yn y gyfrol hon, ffrwyth ei hysgolheictod a'i gwybodaeth ddihysbydd am gyfnod Oes y Tuduriaid. Mae yma stôr o ffeithiau sy'n gymorth amhrisiadwy i unrhyw un sy'n awyddus i wybod mwy am y cyfnod chwyldroadol hwn yn hanes ein gwlad. Bydd y gyfrol hon, yn cael croeso mawr gan athrawon a disgyblion hŷn yn ein hysgolion a mawr yw ein diolch iddi am ei chyhoeddi.

TEGID ROBERTS
Is-Ganon yn Eglwys Gadeiriol Deiniol Sant Bangor
a Chyfarwyddwr Addysg Esgobaeth Bangor

RHAGAIR

Man cychwyn y llyfryn hwn oedd dwy sgwrs gyda phlant Ysgol Sul Gymraeg Eglwys Gadeiriol Bangor yn 1988, adeg dathlu pedwar canmlwyddiant y Beibl Cymraeg, i geisio rhoi syniad iddynt mor wahanol oedd amgylchiadau bywyd a chyfnod William Morgan i'r byd yr oeddent hwy'n gyfarwydd ag ef.

Bellach bu cymaint mwy o ddatblygiadau technolegol ym myd cyfathrebu, argraffu a chyhoeddi fel ei bod yn anos byth i ieuenctid allu dychmygu mor anghyfleus a llafurus oedd hyn yn yr unfed ganrif ar bymtheg. Heddiw, pan fo ysgol ar gyfer pob plentyn, a chyfleusterau addysg uwch gyda llyfrgelloedd helaeth a chyfoeth o eiriaduron a chyfeirlyfrau ar gael, heb sôn am hwylustod a chyflymder teithio i ganolfannau o'r fath, mae cefndir a chynefin William Morgan yn fwy dieithr eto. Heb sylweddoli hyn, a cheisio treiddio i'w fyd a'i gyfnod ef, ni allwn amgyffred maint y llafur na'i lwyr edmygu a'i werthfawrogi.

Cynhwyswyd y rhestr 'Darllen Pellach' yn bennaf ar gyfer oedolion, i roi cyfle iddynt, pe dymunent, astudio ambell agwedd neu bwnc ymhellach.

Rhaid diolch i Lyfrgell Genedlaethol Cymru am ganiatâd i gyhoeddi'r lluniau, ac i Dr. Maredudd ap Huw am ddod o hyd iddynt, ac i Feistr a Chymrodyr Coleg Ieuan Sant, Caer-grawnt, am ganiatâd i gynnwys llun y Tabled Coffa. Carwn ddiolch yn fawr i'r Parch. Tegid Roberts am ei gefnogaeth ac am ei ymdrech i gael cyfraniad ariannol tuag at gyhoeddi'r llyfryn. Mae'n bleser gennyf ddiolch i Staff Gwasg y Bwthyn am eu diddordeb yn y gwaith a'u hynawsedd, ac yn arbennig i Mr. Maldwyn Thomas a fu'n gymorth cyson o'r dechrau.

Gorffennaf 2004   ENID ROBERTS

– 1 –

Beiblau Cynnar a'r Angen am Gyfieithiad Newydd

Hebraeg oedd iaith wreiddiol yr Hen Destament, a Groeg oedd iaith wreiddiol y Testament Newydd. Yr oedd y cyfan wedi ei gyfieithu i'r Lladin erbyn y bedwaredd ganrif O.C., a'r fersiwn Lladin oedd Beibl cyffredin gorllewin Ewrop yn yr Oesoedd Canol.

Ond ni allwn sôn am y Beibl fel un gyfrol hyd y drydedd ganrif ar ddeg. Cyn hynny yr hyn a geid fyddai cyfres o gyfrolau mewn llyfrgelloedd yn cynnwys gwahanol lyfrau o'r Beibl, a rhannau a dyfyniadau mewn llyfrau gwasanaethau crefyddol, llyfrau litwrgaidd fel Llyfr Offeren (y Cymun Bendigaid), y Byrlyfr (litwrgi'r Suliau a'r Dyddiau Gŵyl), y Sallwyr (Salmau) a Llyfrau Oriau (y gwasanaethau a gynhelid ar wahanol oriau o'r dydd).

Fel yr oedd prifysgolion yn ymsefydlu ac yn ehangu datblygodd awydd am ddarllen ac astudio'r Beibl yn breifat, gyda phrifysgol Paris yn amlwg yn arwain yn hyn o beth. Erbyn canol y drydedd ganrif ar ddeg yr oedd patrwm y Beibl – nifer a threfn y llyfrau a'r rheini wedi eu rhannu'n benodau wedi eu rhifo – fwy neu lai wedi ei sefydlu. Daeth yn gyfrol boblogaidd a bu cynnydd mawr yn y galw am gopïau.

Nid oedd y fath beth â gwasg argraffu ar gael bryd hynny, nid cyn y bymthegfed ganrif y dechreuwyd argraffu gyda llythrennau symudol: rhaid oedd ysgrifennu pob copi ar wahân, a hynny'n aml ar felwm, sef math drud o femrwn a wneid o groen llo. Nid rhyfedd bod copïau'n ddrud. Dim ond mynachlogydd gyda'r gallu i gynhyrchu copi yn eu hysgrifdai eu hunain, yr eglwysi mawr, ac ambell deulu cyfoethog a fedrai fforddio Beibl; dywedir y cymerai bob ceiniog o gyflog offeiriad plwy am ddeg mlynedd i brynu un, pe gallai gael gafael ar gopi.

Byddai gwŷr ifanc yn astudio'r Beibl yn fanwl wrth baratoi am urddau, neu'n rhan o'u disgyblaeth grefyddol mewn mynachlog a thŷ brodyr, ac yn dysgu darnau helaeth ar y cof. Efallai y byddai gan offeiriad plwy gopi o Feibl y Tlodion, sef crynodeb byr iawn, iawn o lyfrau hanes y Beibl; yr oedd fersiwn Cymraeg o hwn ar gael erbyn tua diwedd y drydedd ganrif ar ddeg.

Un Eglwys oedd yng ngorllewin Ewrop yn yr Oesoedd Canol, yr Eglwys Gatholig Rufeinig, Eglwys Rufain fel y gelwir hi'n gyffredin, gyda'r Pab yn ben arni. Yr oedd pawb yn ddiwahân yn mynychu'r Eglwys honno, yn gyson reolaidd. Lladin oedd iaith y gwasanaethau swyddogol a'r darlleniadau o'r Ysgrythur. Ni ddisgwylid i'r bobl gyffredin eu deall; gallai ambell wrandawr uno yn yr atebion Lladin efallai, ond yn hytrach na chymryd rhan yn y gwasanaethau byddai lleygwyr yn cael eu hannog i adrodd y Pader a'r Afe wrthynt eu hunain ddwsin o weithiau yn ystod y gwasanaeth. 'Gwrando offeren' oedd yr ymadrodd a'r arfer cyffredin, ac eglurid bod manteision arbennig yn deillio o hynny. Credid nad oedd neb yn heneiddio yn ystod yr amser yr oedd yn gwrando offeren, dileid holl bechodau'r dydd hwnnw, yr oedd angel yn cofnodi pob cam a gymerwyd wrth fynd i wrando offeren a byddai gwobr am hynny, ac yn y purdan ceid gorffwys am gyhyd o amser ag a dreuliwyd yn gwrando offerennau. Yr oedd mynychu'r gwasanaethau, parchu dysgeidiaeth yr Eglwys a'i defodau yn ddigon i'r bobl gyffredin. Y rhinwedd bwysicaf oll yng ngolwg yr Eglwys oedd rhoi elusen; dyna, fe dybid, oedd yn sicrhau mynediad i'r bywyd tragwyddol. Fel y tystiodd Maredudd ap Rhys, ficer Rhiwabon yn nhrydydd chwarter y bymthegfed ganrif,

> Prynai ddyn, prin oedd ei ddydd,
> Â'i dda nef iddo'n ufudd.

Yn 1281 gorchmynasai Pecham, archesgob Caer-gaint, fod pob offeiriad i hyfforddi ei blwyfolion bedair gwaith y flwyddyn. Golygai hynny ddysgu iddynt yr Afe, Credo'r Apostolion a'r Pader, y saith bechod marwol, saith weithred y drugaredd a'r saith sacrament. Mae'n anodd dweud pa mor gyson y cadwyd at hyn. Byddai offeiriaid yn esbonio ychydig, yn iaith y bobl, ar yr hyn a ddarllenwyd yn y gwasanaeth, a phan geid pregeth yn iaith y bobl ar brynhawn Sul, gan yr offeiriad neu gan un o'r brodyr teithiol, byddai'r pregethwr yn cyfieithu adnodau i egluro'i bwnc.

Pa mor gywir oedd y cyfieithiadau hyn mae'n anodd dweud, a mwy na hynny ni wyddom pa mor gywir oedd y fersiwn Lladin y cyfieithwyd ohono. Nid oedd copi safonol o'r Beibl ar gael. Wrth gopïo testun Lladin o'r Ysgrythur am oddeutu mil o flynyddoedd mae'n anochel nad oedd cryn newid wedi digwydd, rhwng camgopïo, blerwch ac esgeulustod, a hefyd awydd ac ymgais ambell gopïydd i ddiwygio'r gwaith gwreiddiol. Efallai mai dibynnu ar ei gof yr oedd y cyfieithydd. Nes dechreuwyd argraffu nid oedd dim i roi hwb i geisio safoni testun.

Tua chanol y bymthegfed ganrif digwyddodd rhyw ddeffroad neu ddadeni mawr ym myd Dysg, deffroad a barhaodd ymlaen i'r unfed ganrif ar bymtheg. Daethpwyd o hyd i hen lawysgrifau; darganfuwyd testunau Hebraeg cynnar o'r Hen Destament, a thestunau Groeg cynnar o'r Testament Newydd; ymrôdd ysgolheigion ati i'w hastudio, ac i astudio'r ieithoedd Hebraeg a Groeg. Wrth fanylu fel hyn daethant i sylweddoli nad oedd testun Lladin y Beibl bob amser yn iawn, bod gwir angen am gyfieithiad cywirach.

Wedi amau'r Beibl Lladin dyna ddechrau amau dysgeidiaeth Eglwys Rufain oedd wedi ei seilio arno. Trodd ysgolheigion fwy a mwy at y copïau cynnar yn yr ieithoedd gwreiddiol, a sylweddoli mai yno, yng Ngair Duw yr oedd y wir wybodaeth am fywyd tragwyddol i'w chael, mai'r Beibl gwreiddiol oedd y gwir awdurdod, a bod awdurdod y Beibl yn amgenach ac yn uwch nag awdurdod yr Eglwys. Dechreuwyd gwrthwynebu awdurdod Eglwys Rufain, dechrau *protestio* yn ei erbyn ac felly y datblygodd y ffydd *Brotestannaidd*.

Credai'r ysgolheigion hyn mai trwy ffydd yng ngras Duw, ac nid trwy ein gweithredoedd da'n unig, y caem ein hachub rhag bod yn golledig. Rhaid gwybod am y modd y mae Duw'n datguddio ei fwriad mawr, gwybodaeth sydd i'w chael yng Ngair Duw, yr Ysgrythur Lân.

Yr anghenraid cyntaf, felly, oedd cael cyfieithiad cywir o'r Beibl yn iaith y bobl, er mwyn iddynt fedru darllen Gair Duw neu wrando arno'n cael ei ddarllen; yr oedd hyn yn gwbl hanfodol. O ganlyniad, o ganol y bymthegfed ganrif ymlaen cafwyd nifer o gyfieithiadau newydd – i Ladin (iaith ysgolheigion pob gwlad), i Almaeneg, Saesneg, ac yn ail hanner yr unfed ganrif ar bymtheg i Gymraeg.

– 2 –

Cyfieithu i'r Gymraeg:
William Salesbury

Yn 1535 gorchmynnodd y llywodraeth mai'r Beibl Saesneg oedd i gael ei ddarllen yn holl eglwysi Lloegr a Chymru. Gwaetha'r modd ni fyddai hynny'n ddim cymwynas â thrigolion uniaith Cymru, byddai'r testun Saesneg mor annealladwy iddynt hwy â'r hen destun Lladin.

Yn 1549 cafwyd y Llyfr Gweddi Gyffredin protestannaidd Saesneg cyntaf, llyfr oedd yn cynnwys ymhlith y gwasanaethau y cantiglau, y Salmau, a'r darlleniadau o'r Epistolau a'r Efengylau ar gyfer pob Sul a Gŵyl yn y flwyddyn eglwysig, ac yr oedd yr anerchiadau a'r gweddïau yn gyfoethog o ymadroddion beiblaidd. Cyn pen dwy flynedd yr oedd uchelwr galluog o Lanrwst, William Salesbury, wedi cyfieithu i'r Gymraeg y darlleniadau o'r Epistolau a'r Efengylau, ac ar ei gost ei hun wedi eu cyhoeddi'n llyfr, *Kynniver Llith a Ban*, 1551.

Yr oedd Salesbury yn awyddus iawn am gael y Beibl cyfan yn Gymraeg, ond yn anffodus bu farw'r brenin protestannaidd,

Edward VI, yn 1553 a phabyddes or-selog oedd ei hanner chwaer a'i dilynodd, y frenhines Mari. Bu raid i Salesbury gadw'n ddistaw dros dro, ond o wybod mor eiddgar ac mor weithgar ydoedd, go brin iddo fod yn segur. Ac fe ddaeth tro ar fyd; bu farw'r frenhines Mari yn 1558, a phrotestant oedd y frenhines nesaf, hanner chwaer arall, Elisabeth I. Adferwyd y ffydd brotestannaidd a'r Llyfr Gweddi Gyffredin Saesneg.

Y flwyddyn ddilynol, 1559, daeth esgob newydd i Lanelwy, Richard Davies, gŵr genedigol o'r Gyffin ger Conwy, lle bu ei dad yn gurad. Wedi graddio yn Rhydychen bu Richard Davies yn rheithor Maidsmorton, swydd Buckingham, ac yn ficer Burnham, ond am mai protestant oedd collodd ei fywiolaethau pan ddaeth Mari'n frenhines; ffodd i'r cyfandir, ac yn Frankfurt y bu o 1555 hyd 1558.

Yr oedd esgob newydd Llanelwy mor awyddus â Salesbury am gael y Beibl yn Gymraeg, a pharhaodd yr un mor eiddgar pan symudwyd ef i Dyddewi yn 1561. Anfonwyd petisiwn i'r Cyfrin Gyngor a'r canlyniad oedd i'r senedd yn 1563 orchymyn i bedwar esgob Cymru ac esgob Henffordd (Cymraeg oedd iaith rhannau helaeth o esgobaeth Henffordd bryd hynny) drefnu bod y Llyfr Gweddi Gyffredin a'r Beibl cyfan yn cael eu cyfieithu i'r Gymraeg erbyn Dydd Gŵyl Dewi 1567. Credir mai Salesbury oedd y tu ôl i'r petisiwn, ac y mae'n bur sicr iddo gael cefnogaeth gan gyfeillion. Byddai'n adnabod Humphrey Lhuyd, aelod seneddol Dinbych, a oedd fel meddyg preifat, a mab yng nghyfraith i'r Arglwydd Lumley, yn troi ymysg gwŷr o ddylanwad, ac fel esgob byddai Richard Davies yn aelod o Dŷ'r Arglwyddi.

Hyd y gwyddom, Richard Davies oedd yr unig esgob a ymatebodd i'r gorchymyn. Wedi iddo symud i Dyddewi byddai Salesbury yn aros gydag ef ym Mhlas yr Esgob yn Abergwili, ger

Caerfyrddin, am fisoedd ar y tro. Gydag ychydig help gan Thomas Huet, Cantor Tyddewi, a gyfieithodd Lyfr y Datguddiad, llwyddodd Salesbury a Davies i gyhoeddi'r Llyfr Gweddi Gyffredin ym mis Mai 1567, a'r Testament Newydd ym mis Hydref yr un flwyddyn.

Fel gyda llawer o ysgolheigion y cyfnod yr oedd dau fwriad neu ysgogiad mawr y tu ôl i weithgarwch Salesbury. O safbwynt diwinyddol ac achub eneidiau yr oedd yn hanfodol cael yr Ysgrythur Lân yn iaith y bobl; ond rhaid i'r iaith honno fod yn gymwys, yn gywir, yn ddigon cyfoethog ac urddasol i gynnwys y ddysg uchaf oll, sef Gair Duw. Yr oedd ysgolheigion y Dadeni Dysg, wrth astudio testunau cynnar Groeg a Lladin, wedi sylweddoli mor gywir a chadarn oedd gramadeg a chystrawen y gweithiau hynny, a bod eu geirfa'n ddigon cyfoethog ac addas i drafod llawer math o bynciau dysgedig. Y cam naturiol wedyn oedd rhoi'r un sylw manwl i'r ieithoedd brodorol, pawb i'w iaith ei hun. Rhaid gloywi a safoni'r dull o ymadrodd a chyfoethogi'r eirfa fel y gellid trafod pob pwnc dysgedig yn yr iaith frodorol, a thrwy hynny wneud yr iaith honno yn iaith Dysg. "Mynnwch ddysg yn eich iaith," meddai Salesbury yn ei Ragymadrodd i'r casgliad o ddiarhebion, *Oll Synnwyr Pen Kembero Ygyd*, a gyhoeddodd yn 1547, ond cyn y gellid cael hynny rhaid wrth fynegiant amgenach na'r "bregnach ar y priniaith yr ych chwi yr oes hon yn gyffredin . . . wrth siarad beunydd yn prynu a gwerthu a bwyta ac yfed."

Salesbury a wnaeth y rhan fwyaf o'r gwaith cyfieithu, ei ddelw ef sydd ar y cyfan. Yr oedd yn ŵr galluog, yn medru Lladin, Groeg, Hebraeg, Ffrangeg, Saesneg, Cymraeg ac efallai Almaeneg; yr oedd yn gyfieithydd rhagorol, ond, gwaetha'r modd, yr oedd ganddo syniadau ód am iaith. Yr oedd yn hoff iawn o hen eiriau; yr oedd yn credu mewn ysgrifennu geiriau yn ôl eu tarddiad yn hytrach na'u sain, yn anwybyddu treigladau ar ddechrau ac yng nghanol geiriau er mwyn dangos eu gwreiddiau, ac yn sillafu geiriau mewn gwahanol ffyrdd, gan feddwl ei fod, wrth wneud hynny, yn cyfoethogi iaith. Pan gofiwn am ffurfiau fel 'popul', 'Christ', 'discipulon' i ddangos eu tarddiad o'r Lladin *populus, Christus, discipulus,* fel yr oedd yn ysgrifennu 'Dew' am Duw, a 'die' am dydd, i wneud iddynt ymddangos yn debycach i'r Lladin *deus* a *dies,* ac am ymadroddion fel 'yn cyccor yr andewolion' (yng nghyngor yr annuwiolion), fe sylweddolwn mor anodd oedd hyn i'r sawl oedd yn darllen y gwaith ar goedd, ac i'r gwrandawyr ddeall yr hyn a glywent. Cwyn Morus Cyffin, genhedlaeth yn ddiweddarach, oedd fod cymaint "llediaith a chymaint anghyfiaith yn yr ymadrodd brintiedig na allai clust gwir Gymro ddioddef clywed mono'n iawn." Nid rhyfedd na chafodd Testament Newydd 1567 lawer o groeso.

Wedi gweld cyhoeddi'r Testament Newydd aeth Salesbury a Davies ymlaen gyda'r dasg o gyfieithu'r Hen Destament. Os gellir rhoi coel ar eiriau Syr Siôn Wyn o Wydir, a oedd yn gymydog agos i Salesbury, wedi bod wrth y gwaith am ryw wyth mlynedd bu ffrae rhyngddynt ynglŷn ag ystyr a tharddiad un gair, a dyna ddiwedd ar y cyfieithu.

Ychydig iawn a wyddom am Salesbury wedi hyn, ni wyddom hyd yn oed pryd y bu farw. Gall fod henaint a phwysau gwaith yn goddiweddyd Richard Davies; bu farw yn 1581, ac os ganwyd ef oddeutu 1501 byddai'n tynnu ymlaen erbyn canol y saithdegau.

Bu raid aros am un mlynedd ar hugain arall cyn cael y Beibl cyfan yn y Gymraeg, Beibl oedd yn bleser i'w ddarllen ac i wrando arno'n cael ei ddarllen.

– 3 –

WILLIAM MORGAN:
CYNEFIN AC ADDYSG GYNNAR

Y gŵr a roddodd inni'r Beibl yn gyfan, y ddau Destament a'r Apocryffa, oedd William Morgan.

Ganwyd William Morgan yn 1545, yn y Tyddyn Mawr ym mlaen Wybrnant, plwy Penmachno, enw a gwtogwyd yn Tŷ-mawr Wybrnant. Yr oedd ei rieni – Siôn ap Morgan ap Llywelyn a Lowri ferch Wiliam ap Siôn ap Madog – yn uchelwyr o waed ond nid oeddent yn perchen dim tir; is-denant, ar stad Gwydir oedd tad William Morgan. Y flwyddyn cyn hynny, 1544, ychydig filltiroedd i ffwrdd ym mhlwy Llanrwst, y ganwyd Edmwnd Prys, oedd i ddod yn gyd-ddisgybl, yn gydfyfyriwr, ac yn gyfaill oes i William Morgan.

Yr oedd y Tŷ-mawr yn lle digon diddos a chysurus yn ôl safonau'r cyfnod: tŷ cerrig, hirsgwar, un llawr, gyda tho braidd yn serth i ddal y llechi trymion, a lle tân a simnai fawr agored yn un talcen. Tân ar lawr fyddai yno, nid oedd y fath beth â grat cegin wedi ei ddyfeisio bryd hynny. Yn sownd wrth gefn y lle tân byddai bar haearn, y craen, y gellid ei dynnu allan dros y tân, a chyda

Tŷ-mawr Wybrnant
(ychydig yn ddiweddarach na chyfnod William Morgan;
noder ffenestri ar lawr uwch)

Llun: Llyfrgell Genedlaethol Cymru

chadwyni a bachau gellid crogi arno getal a chrochan a phadell gyda dolen fel dolen basged iddi. Coed a mawn a losgid ac ni fyddai'r tân byth yn diffodd, enhuddid ef [pentyrru mawn arno] yn ofalus cyn noswylio ac ni fyddai angen dim ond proc i'w ddeffro a'i loywi yn y bore.

Mewn llawer ardal llawr pridd, wedi ei guro'n galed, fyddai i dai o'r fath, ond yr oedd llawr o gerrig breision yn y Tŷ-mawr, efallai am ei fod ar lecyn braidd yn llaith. Lled un ystafell oedd i'r adeilad, a'r ffenestri bychain yn y ddwy ochr hir, ffenestri heb ddim gwydr ynddynt, mae'n debyg, ond byddai cloriau *(shutters)* arnynt i'w cau. Pan fyddai'r gwynt a'r glaw'n curo ar y naill ochr, yna cau cloriau'r ochr honno a gadael i'r golau ddod i mewn drwy ffenestri'r ochr arall. Yn yr ochr hir yr oedd y drws hefyd.

Adeilad pedwar-golau oedd – 'golau' yw'r term technegol am y lle rhwng y pyst oedd yn cynnal y to (Saesneg *bay*); gyda thri phost yn y ddwy wal hir, yna'r ddau dalcen, ceid 'pedwar golau' neu raniad. Y mae rhigol mewn dau bost gyferbyn â'i gilydd yn awgrymu bod yno bared pren neu bartisiwn yn rhannu'r adeilad yn ddwy ystafell. Efallai mai ystafell i gadw bwyd oedd yr ochr arall i'r pared, neu gallai fod yno ystafell gysgu hefyd.

Ni fyddai yn y tŷ lawer o ddodrefn; bwrdd neu fyrddau, mainc neu feinciau, stolion, cist(iau) a silffoedd; dim ond yn nhai'r cyfoethogion ac yn yr eglwysi y ceid cadeiriau fel rheol bryd hynny. I wneud y seddau ychydig yn fwy cyfforddus rhoid darnau o frethyn cartref trwchus arnynt.

Os oedd yno ffram gwely, rhywbeth tebyg i fwrdd fyddai gyda rhwydwaith o raffau yn lle'r wyneb solet, i gynnal matras peiswyn neu wellt; ond hwyrach mai matresi ar lawr, neu faich o wellt a ddefnyddient.

§

Nid oedd ysgol ramadeg o fewn cyrraedd William Morgan pan oedd yn ifanc. Ychydig iawn o ysgolion oedd yng Nghymru i gyd, ac nid oedd Cymraeg na Hanes Cymru yn rhan o'r addysg yn y rhai oedd ar gael.

Y beirdd oedd yn cadw'r ddysg a'r diwylliant Cymraeg. Yr oedd ganddynt hwy eu hurdd, gyda'i rheolau penodedig a safonau pendant y rhaid i brentis o fardd eu cyrraedd cyn cael ei urddo'n fardd swyddogol. Yn ogystal â dysgu'r cynganeddion a mesurau cerdd dafod byddai'r beirdd yn trysori geirfa, yn dysgu gramadeg, sut i ymadroddi, a sut i lunio geiriau cyfansawdd. Mae'n ddiddorol sylwi fod ym Meibl William Morgan lu o eiriau cyfansawdd wedi iddo ef eu llunio, geiriau fel 'arogldarth', 'bore-godi', 'caethgludo'.

Byddai'r beirdd yn ymweld â chartrefi'r uchelwyr ac yn aros yno weithiau am wythnosau ar y tro, yn canu mawl i'r uchelwr a'i deulu (a marwnad pan fai gofyn am hynny), yn difyrru'r cwmni â chywyddau cellwair a serch, ac â chwedlau a hen hanesion oherwydd yr oedd cadw cof am y pethau hyn hefyd yn rhan o'u gwaith, ac yn trafod eu crefft. Yn aml câi'r gwasanaethyddion a'r cymdogion ymuno â'r cwmni yn y neuadd fawr i wrando arnynt.

Yr oedd y diwylliant hwn yn ffynnu yn yr ardal. Byddai rhai o feirdd enwocaf y cyfnod yn galw yng Ngwydir ac ym Mhlasiolyn, Ysbyty Ifan, ychydig filltiroedd i ffwrdd. Yr oedd Gruffudd Hiraethog, yr enwocaf o athrawon barddol y cyfnod yn ymwelydd cyson ym Mhlasiolyn. Gŵr o Ysbyty Ifan, ychydig yn hŷn na William Morgan, oedd Wiliam Cynwal, bardd mwyaf toreithiog y cyfnod.

Heblaw'r beirdd swyddogol yr oedd nifer o feirdd is eu safon, math o feirdd gwlad yn y cylch. Byddai cwmni diddan yn hel at ei gilydd i ymryson prydyddu ac yfed cwrw digon diniwed yn nhŷ'r telynor Dafydd Maenan yn Llanddoged; yn eu plith Syr Elis person y plwy hwnnw, Syr Robert Llwyd person Gwytherin (teitl a roid i offeiriad heb radd yw 'Syr' yn y cyswllt hwn), a Sieffrai Holant, aer Plas-ym-Mhennant, Eglwys Bach. Yr oedd Syr Dafydd Llwyd, y prelad boliog gyda'i farf wen, fel y disgrifiodd Gruffudd Hiraethog ef, rhagflaenydd Syr Elis yn Llanddoged, yn fardd oedd yn canu ar ei fwyd ei hun (h.y. nid oedd yn mynd i dai uchelwyr i ganu am dâl); yr oedd yn frawd yng nghyfraith i Siân Wyn o Wydir, yn gefnder i dad William Salesbury ac i daid Edmwnd Prys. Yn y Plas Isa Llanrwst yr oedd cartref William Salesbury; yr oedd tad Edmwnd Prys yn gyfyrder iddo, ac yr oedd cysylltiad trwy briodas â theulu William Morgan. Dyna'r cefndir diwylliannol traddodiadol y magwyd William Morgan ac Edmwnd Prys ynddo.

Cyn mynd i brifysgol rhaid oedd dysgu Lladin a Groeg yn drwyadl, ac nid oedd ysgol ramadeg ar gael i Morgan a Phrys. Pan oedd Abaty Maenan, ychydig yn is i lawr dyffryn Conwy, yn bod byddai ambell fachgen addawol yn cael addysg yno. Credir mai ym Maenan y cafodd yr Esgob Richard Davies ei addysg gynnar. Ond caewyd Maenan yn 1536 a throwyd y mynaich allan i'r byd i ofalu amdanynt eu hunain. Tybed a gafodd ambell un le mewn cartref uchelwr?

A barnu oddi wrth dystiolaeth y beirdd yr oedd amryw o'r offeiriaid plwy yng ngorllewin sir Ddinbych yn hyddysg mewn Lladin a Groeg, ac ambell un, fel Syr Arthur ap Huw, ficer Llanfair Dyffryn Clwyd yn 1563, yn hyddysg mewn Hebraeg yn ogystal. Yr oedd Lladin Syr Siôn Aled, mab Tudur Aled a rheithor Llansannan 1534-58, mor ddilediaith ag eiddo Sierôm. Nid yw'r ffaith mai gwŷr di-radd oedd llawer o'r offeiriaid plwy yn golygu eu bod yn ddi-ddysg. Nid oedd pawb yn gallu fforddio aros mewn prifysgol am y tair blynedd oedd yn angenrheidiol i gael gradd B.A.; byddai llawer, Saeson yn ogystal â Chymry, yn gadael ar ôl blwyddyn neu ddwy.

Byddai teulu Gwydir yn cadw caplan i addysgu'r plant a châi ambell fachgen addawol o'r ardal ymuno â hwy. Byddai Siôn Wyn ap Maredudd (b.f. 1558) yn darparu hyfforddiant o'r fath, a phan oedd ei fab, Morys Wyn, yn benteulu Gwydir, 1558-80, yr oedd yno, yn ôl y bardd Siôn Phylip, 'ysgol rinweddol rad'. Dywed mab hynaf Morys Wyn, Syr Siôn Wyn (1553-1627), mai yng Ngwydir y cafodd William Morgan ei addysg fore. Y mae'n eithaf posibl fod Edmwnd Prys yno gydag ef.

Lladin, ac yn nes ymlaen Groeg, fyddai'r maes llafur. Yn ogystal

Edmwnd Prys

â dysgu gramadeg y ddwy iaith, a chyfieithu ohonynt ac iddynt, byddai'r disgyblion yn dysgu cyfansoddi rhyddiaith a barddoniaeth mewn Lladin a Groeg ac yn ymarfer siarad Lladin.

Byddai'r disgyblion, mae'n bur debyg, yn byw yn ystod y dydd gyda'r teulu, ac yn sgîl hynny'n cael ychydig hyfforddiant ar sut i ymddwyn mewn cwmni, yn dysgu'r moesau y disgwylid i feibion uchelwyr eu gwybod a'u harfer.

Deuai pawb ynghyd i'r neuadd fawr am ginio, rywdro rhwng deg y bore a hanner dydd. Hwn oedd y pryd mawr a chymerai gryn amser i'w fwyta. Byddai'r disgyblion yn eistedd gyda'r caplan a swyddogion pwysicaf y llys a'r stad. Deuai pawb i'r neuadd hefyd am yr ail bryd mawr, y swper, pan fyddai golau dydd yn dechrau edwino, rywdro o bedwar i chwech o'r gloch y prynhawn.

Gan fod Morys Wyn mor amlwg yn y bywyd cyhoeddus, yn aelod seneddol dros sir Gaernarfon, yn Ustus Heddwch yno ac yn sir Feirionnydd, ac wedi bod yn siryf 1555, a bod teithwyr i Iwerddon ac oddi yno yn dibynnu ar letygarwch uchelwyr, yn sicr fe fyddai yno gwmni dethol ar ginio ambell waith. Ac wrth gwrs yr oedd cyfle i fanteisio ar gwmni'r beirdd a'r hyfforddiant oedd i'w gael ganddynt hwy. Fe feistrolodd Edmwnd Prys holl ddirgelion cerdd dafod, y mae corff sylweddol o'i farddoniaeth ar gael. Nid oes dim prawf am allu barddol William Morgan, ni chadwyd dim un gerdd o'i waith ef, ond byddai'n croesawu beirdd i'w gartref yn Llanrhaeadr-ym-Mochnant, yn Llandâf ac yn Llanelwy. Yn ystod ei oes canwyd o leiaf bedwar cywydd ar ddeg ac un awdl iddo, gwaith wyth o wahanol feirdd.

Erbyn cyrraedd ugain oed yr oedd gan Morgan a Phrys feistrolaeth bur dda ar Ladin a Groeg ac ar yr iaith Gymraeg. Bellach mae'n bryd symud i brifysgol; i ba un o'r ddwy, i Rydychen ynteu i Gaer-grawnt?

Gan i frawd ieuangaf Morys Wyn, Dr. John Gwyn, fod yn Gymrawd yng Ngholeg Ieuan Sant, Caer-grawnt, 1548-55, yr oedd yn ddigon naturiol i'r ddau lanc ifanc gael eu paratoi ar gyfer cwrs yn y coleg hwnnw. Ymaelododd y ddau yno yn nhymor y Grawys 1565, sy'n awgrymu eu bod yno ers rhai wythnosau er mwyn profi a oeddent yn deilwng.

– 4 –

Y Daith i Gaer-grawnt

O Benmachno i Gaer-grawnt! Sut yn y byd yr eid yno? Nid oedd dim cyfleusterau teithio o unrhyw fath. Byddai mynd ar gefn ceffyl yn gwbl amhosibl i'r ddau; hyd yn oed pe bai ganddynt geffyl yr un, ni ellid marchogaeth ceffyl ar daith hir am fwy na rhyw ddeg i bymtheg milltir ar y tro, ac ni fyddai gan William Morgan, beth bynnag am Edmwnd Prys, arian i dalu am gyfnewid ceffylau'n gyson ar hyd y daith. Rhaid oedd paratoi ar gyfer cerdded yr holl ffordd, taith o dros gant wyth deg o filltiroedd.

Menter anodd a pheryglus oedd teithio: nid oedd dim arwyddion ffyrdd, dim gwrychoedd i gadw anifeiliaid peryglus draw (yr oedd bleiddiaid yn dal ym Mhrydain am bron ddwy ganrif arall), a gallai fod lladron yn llechu yn y llwyni. Byddai cystal cael cwmni rhywun oedd yn gyfarwydd â'r daith.

Tybed ai mynd i ganlyn porthmyn Gwydir a wnaethant, o leiaf am ran o'r daith? Magu anifeiliaid, gwartheg a defaid, nid trin y tir, y byddai ffermwyr yn bennaf yn y cyfnod hwnnw. Byddai pobl yn bwyta llawer iawn mwy o gig nag a wnawn ni heddiw; cig a llaeth, nid bara, oedd y bwydydd sylfaenol. Yr oedd marchnad dda i'r 'cig ar y carn', yr anifeiliaid byw, yn nhrefi mawr de Lloegr, a hefyd ar gyfer y fyddin a'r llynges. Am nad oedd digon o borthiant ar gyfer yr anifeiliaid i gyd dros y gaeaf, tua chalan gaeaf byddai llawer iawn yn cael eu lladd er mwyn cael cyflenwad o gig i'w halltu a'i sychu at fwydo pobl yn ystod y gaeaf. Ddiwedd haf ac ymlaen i'r hydref gwelid a chlywid gyrroedd lawer o wartheg yn cael eu cerdded draws gwlad i ffeiriau mawr de Lloegr, gan gynnwys Barnet a'r Smithfield yn Llundain. Byddai teulu Gwydir, fel llawer teulu uchelwrol arall, yn 'marsianda cig', h.y. yn gwerthu 'cig ar y carn'.

Rhaid peidio â meddwl am 'ffordd' yn yr ystyr a rown ni heddiw i'r gair, fel tramwyfa lydan, galed o gerrig a thar; ni fyddai ffyrdd gorau'r cyfnod ronyn gwell na ffordd fynydd. Am y rhan fwyaf ohonynt - meddyliwch beth a ddigwyddai wrth i genedlaethau o bobl a'u troliau a'u hanifeiliaid gerdded ar draws cae; byddai'r glaswellt yn darfod, y lle'n llwch meddal yn yr haf ac yn fwd corslyd ar dywydd gwlyb. Cadw at y llechweddau y byddai'r porthmyn fel rheol; gallai llawr dyffryn fod yn feddal a gwlyb.

Gallwch ddychmygu am y ddau ŵr ifanc yn paratoi ar gyfer y daith, ac ar gyfer aros yng Nghaer-grawnt am gyfnod hir. Wedi mynd yno rhaid aros yno am rai blynyddoedd, ni ellid dod adref am wyliau.

Ychydig arian parod a fyddai gan y bobl gyffredin, a phrun bynnag, yr oedd siopau a thafarndai yn brin iawn yng nghefn gwlad, ac nid oedd y fath beth â thŷ bwyta. Rhaid mynd â bwyd ar gyfer y daith i'w canlyn: bara haidd a bara ceirch, blawd ceirch a thipyn o dripin biff (rhoi blawd ceirch neu fara ceirch wedi ei falu mewn llestr pren, lwmp o dripin biff arno, tywallt dŵr poeth drosto, gadael iddo fwydo am ychydig a dyna bryd o frwes); gellid cael llaeth enwyn mewn ffermdy i'w dywallt dros fara ceirch i wneud siot. Byddai buchod godro ymhlith y gwartheg felly ceid digon o laeth newydd. Pe digwyddent fynd drwy dref byddai'r gyrwyr yn godro'r buchod ac yn gwerthu'r llefrith neu'n ei gyfnewid am fwyd. Byddai'r porthmyn yn gwybod am leoedd cyfleus i aros dros nos: ambell gwt bugail neu ysgubor, das wair neu redyn, cysgod wal neu berth drwchus.

Digon ysgafn fyddai clud personol y ddau ŵr ifanc: ychydig lyfrau, efallai; crys, sanau a llodrau i newid; dwbled neu siercyn; hugan neu own llaes o frethyn cartref y gellid ei wisgo ar dywydd oer a'i roi ar y gwely'r nos; a chap nos (yr unig ddilledyn arbennig a wisgid y nos). Cystal mynd â thipyn o ledr, hoelion, morthwyl a manawyd, a lwmp o gŵyr crydd at drwsio esgidiau. Byddai ganddynt gyllell wrth eu gwregys; rhaid cael llwy bren (nid oedd neb yn defnyddio fforc bryd hynny), llestr-yfed pren, a bowlen bren – gwaith crefftwyr lleol neu efallai eu gwaith hwy eu hunain.

Cyn mynd â gwartheg ar siwrnai bell rhaid eu pedoli, a chan fod gwartheg yn fforchi'r ewin yr oedd angen dwy bedol i bob troed, wyth i bob buwch. Ar daith mor bell byddai angen ailosod pedol yn aml, ac ailbedoli hefyd. Felly rhaid mynd â chert neu gerti i gludo'r offer: einion, gefeiliau a morthwylion, hoelion, sacheidiau o bedolau, tanwydd a rhaffau. Rhaid taflu gwartheg cyn eu pedoli: rhoi rhaff am goes yr anifail a'i faglu nes iddo syrthio ar wastad ei gefn, yna clymu'r traed a rhoi math o ffon rhyngddynt i'w dal yn solet. Efallai y gallai'r ddau ŵr ifanc fanteisio ar y certi a chael ambell bwt o reid, ddigon anghyffordus bid siŵr, ond o leiaf byddai'n arbed ychydig ar eu traed a'u hesgidiau.

Yn ôl y manylion a gawn gan ambell fardd a fu'n porthmona, gellid tybio mai'r ffordd arferol oedd anelu am Ddinbych a chyrion Caer, yna ymlaen am Litsffild (Lichfield) a Chwyntri (Coventry);

byddai hynny dipyn dros gan milltir. Gan mai rhyw ddeunaw i ugain milltir y dydd a gerddai gwartheg cymerai ryw chwe diwrnod iddynt gyrraedd Cwyntri.

Bellach rhaid ffarwelio â'r porthmyn a throi am Northamptwn a Chaer-grawnt, rhyw wyth deg o filltiroedd eto. Y mae'n bosibl fod certi'n cludo nwyddau'n rheolaidd rhwng y trefi hyn ac y caent gwmni. Faint o Saesneg oedd gan y ddau tybed? Yr oedd Morys Wyn o Wydir, mae'n amlwg, yn siarad ac yn ysgrifennu Saesneg yn rhwydd, a byddai ei wraig, Siân, ferch Rhisiart Bwlclai o'r Baron Hill, Beaumaris, yn rhugl yn yr iaith honno. Ni fyddai Saesneg yn gwbl ddieithr iddynt, er na chawsant fawr o gyfle i'w hymarfer.

Mae'n sicr iddynt weld llawer o ryfeddodau ar eu taith, ond yr hyn a'u syfrdanodd fwyaf, heb amheuaeth, wrth nesu at ben eu taith, oedd y milltiroedd ar filltiroedd ar filltiroedd o wastatir anial, heb na bryn na bryncyn hyd yn oed ar y gorwel, a'r mwd yn aml dros eu fferau; gwlad wahanol iawn i ddyffryn Conwy a'r cymoedd oedd yn agor ohono.

– 5 –

Caer-grawnt:
Bywyd ac Addysg Myfyrwyr

Dyna gyrraedd Caer-grawnt o'r diwedd, a dotio'n llwyr at yr adeiladau godidog: nid un eglwys ond amryw byd, y colegau a'r afon lonydd, lefn, a thai a siopau'r masnachwyr cyfoethog. Rhyfeddu at y bobl o bob math yn gwau drwy'i gilydd, rhai mewn dillad gwych o felfed a sidan, rhai mewn brethyn cartref, a rhai mewn carpiau. Yr oedd llawer iaith i'w chlywed gan fod yno wŷr o'r cyfandir, ond yr oedd Lladin yn iaith gyffredin i'r ysgolheigion i gyd a gallent ddal eu tir yn honno. Rhyfedd o fyd i'r ddau ŵr ifanc o flaenau dyffryn Conwy.

Er mwyn rhoi addysg i fechgyn tlawd y sefydlwyd y colegau yn wreiddiol, talu i eraill am ysgrifennu drostynt a wnâi'r rhai â'r modd ganddynt; ond daeth tro ar fyd ac erbyn hyn yr oedd meibion y cyfoethogion hefyd yn ymaelodi ynddynt. Gallent hwy fforddio ystafelloedd cyfforddus, ond tlodaidd iawn oedd ystafelloedd y myfyrwyr cyffredin gyda dim ond ychydig iawn o ddodrefn a dim tân. Byddent yn rhedeg neu gerdded am tua awr i gynhesu eu traed cyn mynd i'r gwely. Weithiau byddai tri neu bedwar myfyriwr yn gorfod rhannu ystafell.

Yr oedd yn fywyd caled. Rhaid mynd i'r capel yn gynnar iawn bob bore, ond byddai'r rhai oedd o ddifrif gyda'u gwaith yn codi tua phedwar o'r gloch y bore i wneud rhyw ddwy awr o waith cyn hynny. Gweithio wedyn hyd tuag unarddeg y bore pan gaent ginio – potes biff, bara, a gwerth dimai o gwrw digon diniwed (beth arall oedd i'w yfed pan nad oedd te na choffi ar gael?). Rhywbeth yn debyg fyddai'r swper, tua phump o'r gloch. Caent lwfans o fara a diod o'r bwtri bob dydd. Byddai'r rhai tlawd iawn yn gorfod gwneud heb frecwast, ac ambell un hyd yn oed yn gorfod cardota hyd y stryd. Fel *sub-sizar*, gwas ac efrydydd, yr oedd William Morgan wedi cofrestru, a byddai'n ennill ychydig arian at ei gynhaliaeth wrth 'ffagio' (bod yn was bach) i rai gwell eu byd – eu deffro mewn pryd i'r capel yn y bore, glanhau eu hesgidiau a gwneud negesau a mân swyddi drostynt.

Rhaid i bob myfyriwr wisgo gown hyd at ei fferau a hwd arno; yr oedd dirwy am beidio â gwisgo'r gown yn y stryd. Rhaid iddynt hefyd beidio â gadael i'w gwallt dyfu'n hir.

Adeg y Nadolig byddai rhyw ddeuddeg diwrnod o wyliau, a chan nad oedd y myfyrwyr cyffredin yn mynd adref yr oedd cyfle am dipyn o hwyl bryd hynny. Yng Nghaer-grawnt yr oedd chwarae pêl-droed, saethu â gwn, a thaflu coetiau yn cael eu caniatáu, ond ni cheid mynd i'r chwaraedy na chymryd rhan mewn dramâu Saesneg. Fodd bynnag, yr oedd gwylio dramâu Lladin, cymryd rhan ynddynt, a hyd yn oed llunio ambell un, yn cael eu croesawu fel rhan o'u haddysg, yn ffordd i wella eu Lladin ac yn help iddynt ei siarad.

§

> "Canmolwn yn awr y gwŷr enwog"
>
> WILLIAM MORGAN 1541-1604,
> Bishop of St.Asaph, who translated
> the Bible from the original languages
> into Welsh.
>
> EDMWND PRYS 1541-1623,
> Archdeacon of Meirioneth, who
> translated the Hebrew Psalms
> into Welsh verse.
>
> Members of this College, lifelong friends,
> and fellow-workers in a great task.
>
> "Disgwyliaf o'r mynyddoedd draw
> Lle daw im help 'wyllysgar"

Y Tabled Coffa yng Ngholeg Ieuan Sant
Trwy ganiatâd Meistr a Chymrodyr Coleg Ieuan Sant Caer-grawnt
(Nid yw dyddiadau geni'r ddau yn hollol gywir)

Cymerai chwe blynedd neu saith i gael gradd M.A. Ar gyfer y radd gyntaf, B.A., astudid tri phwnc: Rhethreg (sut i berswadio wrth ysgrifennu neu siarad), Rhesymeg (sut i ymresymu), ac Athroniaeth, y cyfan o weithiau awduron Groeg a Lladin, a'r trafod i gyd yn Lladin. Nid eistedd arholiad ysgrifenedig y byddai'r myfyrwyr ond trafod a dadlau â'u hathrawon, a hynny eto yn Lladin. Enillodd y ddau radd B.A. yn 1568.

Oddeutu'r un adeg cafodd y ddau urddau eglwysig. Yr oedd Prys ychydig yn hŷn na Morgan ac fe'i gwnaed yn ddiacon ym Mawrth 1567; yna yn Ebrill 1568, yn eglwys gadeiriol Ely, ordeiniwyd Prys yn offeiriad a gwnaed Morgan yn ddiacon gan ei ordeinio'n offeiriad fis Rhagfyr.

Wedi cael eu hordeinio'n offeiriaid gallent yn awr gael rheithoriaeth, h.y. cael hawl i ddegwm plwy at eu cynnal. Yn ôl cyfraith yr eglwys yr oedd pawb yn gorfod talu degwm (yn wreiddiol y ddegfed ran o'r elw a gaent o'u gwaith) i'r eglwys. Ni fyddai degwm plwy yn fywoliaeth fras gan y byddai'n rhaid talu cyfran o'r swm i gurad neu ficer am ofalu am y plwy, ond byddai'r hyn oedd yn weddill yn bur dderbyniol gan fyfyriwr tlawd. Dyna, mae'n bur debyg, oedd rheithoriaeth Llanbadarn Fawr, 1572, a'r Trallwm a Dinbych, 1575, a ddyfarnwyd i William Morgan; go brin iddo erioed fod yn gwasanaethu yn y plwyfi hyn.

Wedi ennill B.A. canlyn ymlaen wedyn am radd M.A. Rhaid astudio pedwar pwnc ar gyfer hynny: mwy o Athroniaeth, yna Seryddiaeth, Mathemateg a Groeg, y cyfan eto o weithiau awduron Groeg a Lladin, a'r trafod i gyd yn Lladin. Graddiodd y ddau yn M.A. yn 1571. Gallai myfyriwr efo gradd M.A. gymryd gofal mab uchelwr, bod yn diwtor personol iddo, am dâl.

Ar ôl graddio'n M.A. gellid mynd ymlaen wedyn i astudio pwnc arbennig. Diwinyddiaeth a ddewisodd William Morgan. Yn y cwrs hwn yr oedd Groeg yn anhepgor; rhaid hefyd ddilyn darlithiau ar y Beibl, yr iaith Hebraeg, Diwinyddiaeth, Tadau'r Eglwys Fore, ac ar esbonwyr protestannaidd cyfoes.

Er mwyn rhoi hyfforddiant mewn Lladin, Groeg a Hebraeg, y tair iaith anhepgor ar gyfer astudio'r Beibl a Diwinyddiaeth, y sefydlwyd Coleg Ieuan Sant yn 1511. Yng nghyfnod William Morgan yr oedd yno athrawon arbennig iawn, gyda'r goreuon yn Ewrop; yn eu plith John Immanuel Tremellius, yr athro Hebraeg, a John Whitgift, athro Diwinyddiaeth y Goron, gŵr a ddaeth yn esgob Caerwrangon yn 1577 ac yn archesgob Caer-gaint 1583. Enillodd Morgan radd B.D. yn 1578 a'r radd D.D. yn 1583 (ar ôl gadael y coleg). Yr oedd ganddo bellach feistrolaeth lwyr ar Ladin, Groeg a Hebraeg, ac yr oedd wedi meistroli Ffrangeg hefyd.

– 6 –

LLANRHAEADR-YM-MOCHNANT: CYFIEITHU'R BEIBL

Mewn coleg mor brotestannaidd ei naws â Choleg Ieuan Sant yn naturiol fe fyddai diddordeb mawr mewn cyfieithu'r Ysgrythur. Byddai William Morgan wedi astudio a chymharu cyfieithiadau i wahanol ieithoedd yn ystod y cyrsiau am y gwahanol raddau.

A hwythau'n hanfod o'r un ardal, gyda chysylltiadau teuluol ag ef, byddai Morgan a Phrys yn gwybod am awydd ac ymdrech William Salesbury i gyfieithu'r Ysgrythur i'r Gymraeg. Yr oeddent yn ddigon hen i allu cofio'r Epistol a'r Efengyl am y dydd yn cael eu darllen yn Gymraeg yn yr eglwys am y tro cyntaf yn 1551 neu'n fuan wedyn, a hynny mewn iaith ac arddull ychydig symlach na Thestament Newydd 1567. Y mae'n bosibl y byddai *Kynniver Llith a Ban* yn dal i gael ei ddefnyddio yn eglwysi ardal Llanrwst yn ystod teyrnasiad y frenhines Mari; byddai gan ambell uchelwr gopi efallai, ac y mae'n rhesymol tybio bod un yng Ngwydir. Byddai hyn yn creu awydd am gael mwy o'r Ysgrythur yn Gymraeg.

Mae lle i ofni mai tipyn o siom oedd Testament Newydd 1567 i William Morgan. Er cymaint yr oedd yn edmygu Salesbury fel ysgolhaig, ni allai beidio â sylweddoli nad oedd y Testament Newydd Cymraeg yn llwyddiant o safbwynt ymarferol. Fel y gwelwyd, oherwydd holl fympwyon iaith ac orgraff Salesbury yr oedd yn anodd iawn ei ddarllen ar goedd. Rhaid cofio hefyd mai profiad newydd iawn oedd darllen testun printiedig Cymraeg; yn 1547 yr argraffwyd y llyfr Cymraeg cyntaf.

Pryd yn union y dechreuodd William Morgan ar y gwaith mawr o gyfieithu'r Beibl ni wyddom. Byddai'n naturiol iddo fod wedi ystyried hyn o ddifrif yn awyrgylch Caer-grawnt, ac efallai drafod y mater ag Edmwnd Prys, ac â Chymro arall disglair a ddaeth yno yn 1569, Richard Vaughan o Nyffryn yn Llŷn. Fodd bynnag, mae'n sicr mai ar ôl cael rheithoriaeth Llanrhaeadr-ym-Mochnant, 1578, a symud yno i fyw, y gwnaeth y rhan fwyaf o'r gwaith.

Gellid disgwyl i'r gilfach hyfryd hon wrth odre mynyddoedd y Berwyn fod yn lle delfrydol i ysgolhaig gael tawelwch i fwrw ymlaen â'i waith mawr, ond, fel y digwyddodd, amser cythryblus iawn a gafodd William Morgan yma. Bu mor anffodus â thynnu teulu o uchelwyr lleol yn ei ben, teulu Morys ap Maredudd oedd yn byw yn Lloran, ac, yn waeth byth, ei frawd Ifan ap Maredudd, Lloran Uchaf. Yn fuan iawn wedi iddo ddod i Lanrhaeadr priododd William Morgan â gwraig weddw, Catrin. Yr oedd gŵr cyntaf Catrin yn frawd i wraig Morys ap Maredudd, a chan nad oedd ganddynt ddim plant yr oedd teulu Lloran yn meddwl yn siŵr y byddai'r cyfan o'u heiddo yn dod iddynt hwy. Wrth ailbriodi yr oedd Catrin yn mynd â'i chyfran hi i'w chanlyn (un rhan o dair oedd gwaddol gweddw fel rheol).

Tir oedd y cyfoeth pennaf bryd hynny, a byddai uchelwyr yr oedd ganddynt nifer o feibion bob amser yn chwilio am aeres yn wraig i un o'r meibion iau oedd heb stad dirol. Yr oedd aeres gyfoethog ym Maes Mochnant, Catrin ferch Dafydd Llwyd, ac yr oedd teulu Lloran yn gobeithio ei chael yn wraig i un o'r meibion. Ond yr oedd teulu Gwydir hefyd yn awyddus amdani, yn wraig i Robert Wyn, yr ieuangaf o feibion Morys Wyn. O gofio mai yng Ngwydir y cafodd William Morgan ei addysg gynnar, mae'n naturiol tybio iddo geisio dangos ei werthfawrogiad drwy helpu cais Robert Wyn. Sut bynnag, Robert Wyn a gafodd law a stad Catrin Maes Mochnant, a dyna dynnu gwg teulu Lloran fwy byth.

Dyn llac ei foes oedd Ifan ap Maredudd; er bod ganddo wraig gyfreithlon yr oedd yn byw gyda dynes arall. Daeth esgob Llanelwy i wybod am hyn, ac yn 1579 gwysiodd Ifan ap Maredudd o flaen Llys yr Esgob yn Llanelwy, a galwyd William Morgan yn dyst. Credai Ifan (yn anghywir, fel y mae'n digwydd) mai William Morgan oedd wedi dweud wrth yr esgob. Twrnai yn Llys Cymru a'r Gororau yn Llwydlo oedd Ifan, a llwyddodd i symud yr achos i Lys yr Uchel Gomisiwn yn Llundain. Llywydd y llys hwnnw oedd esgob Caerwrangon, Dr. John Whitgift, oedd yn athro Diwinyddiaeth yng Nghaer-grawnt pan oedd William Morgan yno, a'r ddau'n adnabod ei gilydd. Pan ddaeth Whitgift i wybod am waith mawr William Morgan anogodd ef yn daer i ddal ymlaen; addawodd bob cefnogaeth iddo, gan gynnwys cymorth ariannol. Dyna symud ymaith y rhwystr pennaf: dyn tlawd oedd Morgan, pe llwyddai i orffen y gwaith ni allai byth fforddio talu am ei argraffu. Yr oedd Whitgift yn ŵr cyfoethog, wedi etifeddu ffortiwn ar ôl ei dad.

Ni pheidiodd yr helbulon yn Llanrhaeadr. Fel y nodwyd, yr oedd pawb yn talu degwm i'r eglwys ac o'r arian hynny y câi'r person plwy ei gyflog. Perswadiai teulu Lloran eu ffrindiau a'u tenantiaid i beidio â thalu'r degwm a byddai William Morgan, druan, yn aml mewn cryn dlodi. Ac fe barhaodd yr helbulon am flynyddoedd.

Llawysgrifen William Morgan, Esgob Llandâf
Llun: Llyfrgell Genedlaethol Cymru

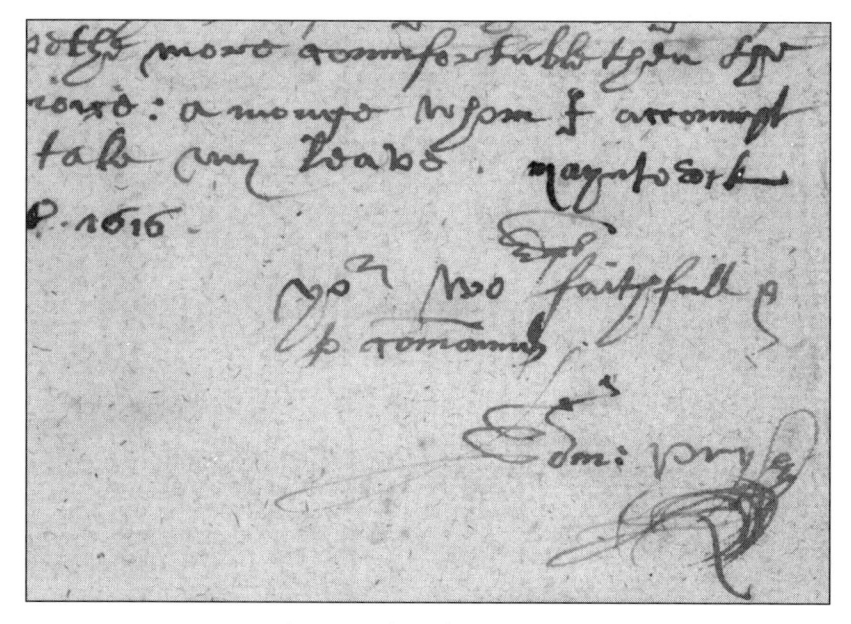

Llawysgrifen Edmund Prys
Llun: Llyfrgell Genedlaethol Cymru

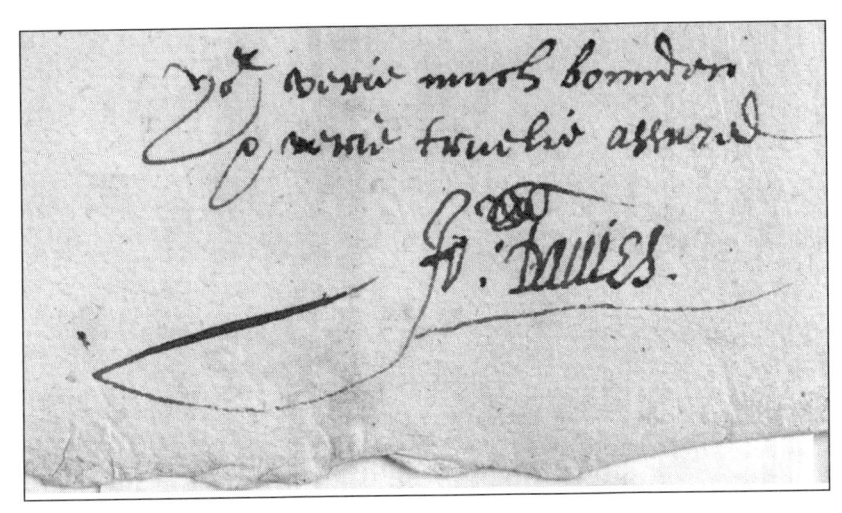

Llawysgrifen John Davies
Llun: Llyfrgell Genedlaethol Cymru

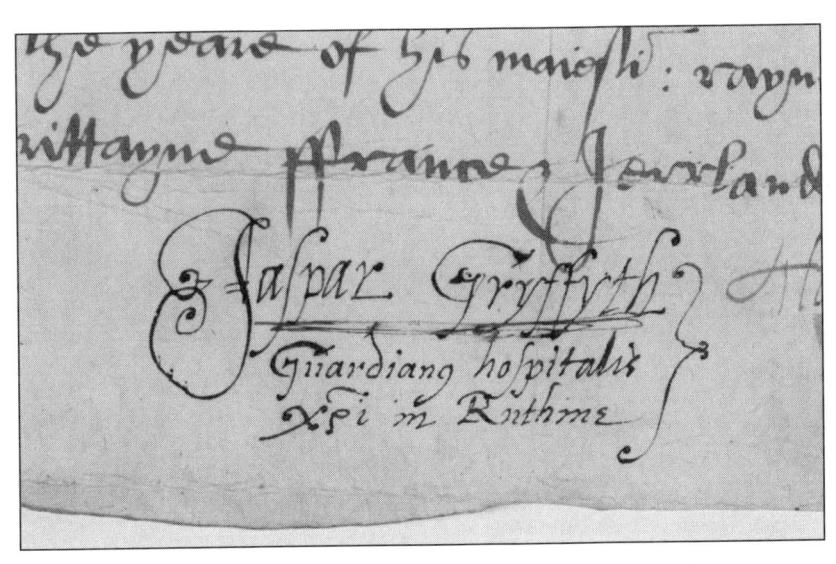

Llawysgrifen Jaspar Gryffyth, Warden Ysgol Rhuthun
Llun: Llyfrgell Genedlaethol Cymru

Erbyn hyn Sbaen oedd cadarnle Pabyddiaeth Eglwys Rufain, ac yr oedd brenin Sbaen yn awyddus iawn am ennill Prydain yn ôl i'r Hen Ffydd, yn wlad Babyddol, ac yn paratoi at wneud hynny; dyna oedd yr Armada fawr a anfonodd yn Haf 1588 i geisio goresgyn Prydain. Yr oedd pethau'n ddrwg rhwng y ddwy wlad ers blynyddoedd a Phrydain yn ofni'n barhaus y gallai byddin Sbaen lanio yma (yn union fel y byddem ninnau, yn ystod yr ail ryfel byd yn gwylio'n barhaus rhag i filwyr Hitler gyrraedd). I fod yn barod ar gyfer argyfwng o'r fath gorchmynnodd y Cyfrin Gyngor fod pob offeiriad plwy i hyfforddi mintai o wŷr sut i drin arfau ac ymffurfio'n rhan o fyddin. A allwch chi ddychmygu am rywbeth mwy anghydnaws – a chwerthinllyd – na'r ysgolhaig hwn yn ceisio gwneud milwyr o lafurwyr tir godre'r Berwyn? Pan fyddai wrth y gwaith byddai Ifan ap Maredudd yn anfon ei weision i darfu arno. Ymosodid yn bersonol arno ef ac ar ei gurad, Lewis Hughes, yn barhaus. Unwaith cadwyd William Morgan yn garcharor yn ei dŷ ei hun, a thro arall gorfodwyd Lewis Hughes i godi o'i wely ganol nos a rhoi benthyg ei delyn i Ifan ap Maredudd. Ni feiddiai William Morgan fynd ymbell oddi cartref a rhaid iddo fynd â gwn gydag ef i'r eglwys.

Yn ogystal â'r achos yn Llys Esgob Llanelwy, ac yn Llys yr Uchel Gomisiwn, bu cyfreitha hefyd yng Nghyngor Cymru a'r Gororau yn Llwydlo ac yn Llys y Seren yn Llundain. Yr hyn a ddaw'n amlwg wrth ddarllen hanes yr holl gyfreitha yw nad ar William Morgan yr oedd y bai. Y darlun a gawn ohono ef yw offeiriad plwy cydwybodol, yn gofalu am ei blwyfolion, yn garedig wrth y tlawd, ac yn disgwyl yn amyneddgar am y degwm er bod hynny'n golygu ei fod ef ei hun yn brin iawn o arian yn aml.

§

Bu dau lanc ifanc galluog yn cydweithio â William Morgan yn Llanrhaeadr. Os oeddent hwy'n ei gynorthwyo ef gyda'r gwaith bu yntau'n hyfforddwr arbennig iddynt hwythau ac y mae'n amlwg iddynt elwa ar hynny.

Yn Llanferres, yn 1567, y ganwyd John Davies, mab Dafydd ap Siôn ap Rhys, gwehydd neu deiliwr wrth ei alwedigaeth, a'i wraig Elsbeth ferch Lewis ap Dafydd Llwyd. Byddai John Davies yn perthyn i'r to cyntaf i gael ei fagu ar y Llyfr Gweddi Cymraeg.

Y mae Llanferres ar gyrion dwyreiniol Dyffryn Clwyd, prif fagwrfa'r bywyd llenyddol Cymraeg a dylanwad y Dadeni Dysg, gyda diddordeb arbennig mewn casglu a chopïo llawysgrifau yn yr ardal. Yn ôl y bardd Gruffudd Hiraethog yr oedd Siôn Llwyd, rheithor y plwy ar y pryd, yn ŵr o fawrddysg, yn hyddysg mewn Lladin ac yn medru tair iaith. Credir i John Davies gael cyfran o'i addysg fore yn Ysgol Ramadeg Rhuthun, ysgol a sefydlwyd yn 1574 gan Gabriel Goodman, brodor o Ruthun oedd yn Ddeon Abaty Westminster. Y mae traddodiad fod John Davies ymhlith disgyblion cynharaf yr ysgol. Byddai wedi ei drwytho mewn Lladin a Groeg. Tybed ai Gabriel Goodman a argymhellodd ei fod yn mynd at William Morgan? Yn ei Lythyr Annerch ar ddechrau'r Gramadeg a gyhoeddodd yn 1621 (gw. t.59) tystia John Davies iddo fod am ddeg mlynedd ar hugain yn 'gynorthwywr annheilwng i ddau gyfieithydd y Beibl i Gymraeg', sef William Morgan i ddechrau, yna Richard Parry, olynydd William Morgan yn Llanelwy, a oedd yn swyddogol gyfrifol am gyfieithiad diwygiedig 1620. Noda hefyd yn y Llythyr Annerch iddo gael ei addysgu wrth draed William Morgan, ac mai ef a enynnodd ynddo ddiddordeb yn yr iaith Gymraeg a'i llenyddiaeth. Yr oedd William Morgan yn ysgolhaig Hebraeg o'r radd flaenaf ac y mae'n bur debygol iddo roi John Davies ar ben y ffordd i ddysgu'r iaith honno.

Brodor o Gegidfa ger Y Trallwm yn sir Drefaldwyn oedd y llanc ifanc arall, Jaspar Gryffyth. Ni wyddys dim am ei addysg fore, ond y mae'n amlwg iddo yntau hefyd fod ar ei ennill o gydweithio â William Morgan; daeth yn hyddysg mewn Hebraeg ac yn gasglwr a chopïwr llawysgrifau.

– 7 –

Yr Argraffu

Er gwaethaf yr holl helbulon yr oedd y gwaith mawr wedi ei orffen erbyn diwedd haf 1587, a'r ddau Destament a'r Apocryffa yn barod i'w cyhoeddi. Nid oedd gwasg argraffu yng Nghymru, a phrun bynnag dim ond gan Christopher Baker yn Llundain, argraffydd y frenhines, yr oedd yr hawl i brintio Beiblau. Golygai hyn mai Saeson, heb fod yn deall gair o Gymraeg, fyddai'n gwneud y gwaith, felly rhaid i William Morgan fod wrth law bob dydd i gywiro'r hyn a brintiwyd.

Trueni na wyddom sut yr aeth William Morgan â'r llawysgrif amhrisiadwy i Lundain. Yr oedd gwasanaeth cariwr mewn ambell ran o'r wlad, gwyddom fod un o Lŷn i Lundain yn 1580. Gallai fod gwasanaeth cyffelyb o Groesoswallt, ac yn fwy tebygol o Amwythig i Lundain. Byddai'n fenter ry fawr i William Morgan fynd ar ei ben ei hun; tybed pwy a aeth gydag ef? Efallai bod rhyw uchelwr o' ardal gyfagos, aelod seneddol dyweder, yn mynd i Lundain. Byddai i'w ganlyn ef weision a chert i gario'i glud, yn ddillad, bwyd i'r ceffylau ac offer pedoli, a byddai ganddo geffyl neu ddau ysbâr, ceffylau gweili, i roi gorffwys i'r lleill.

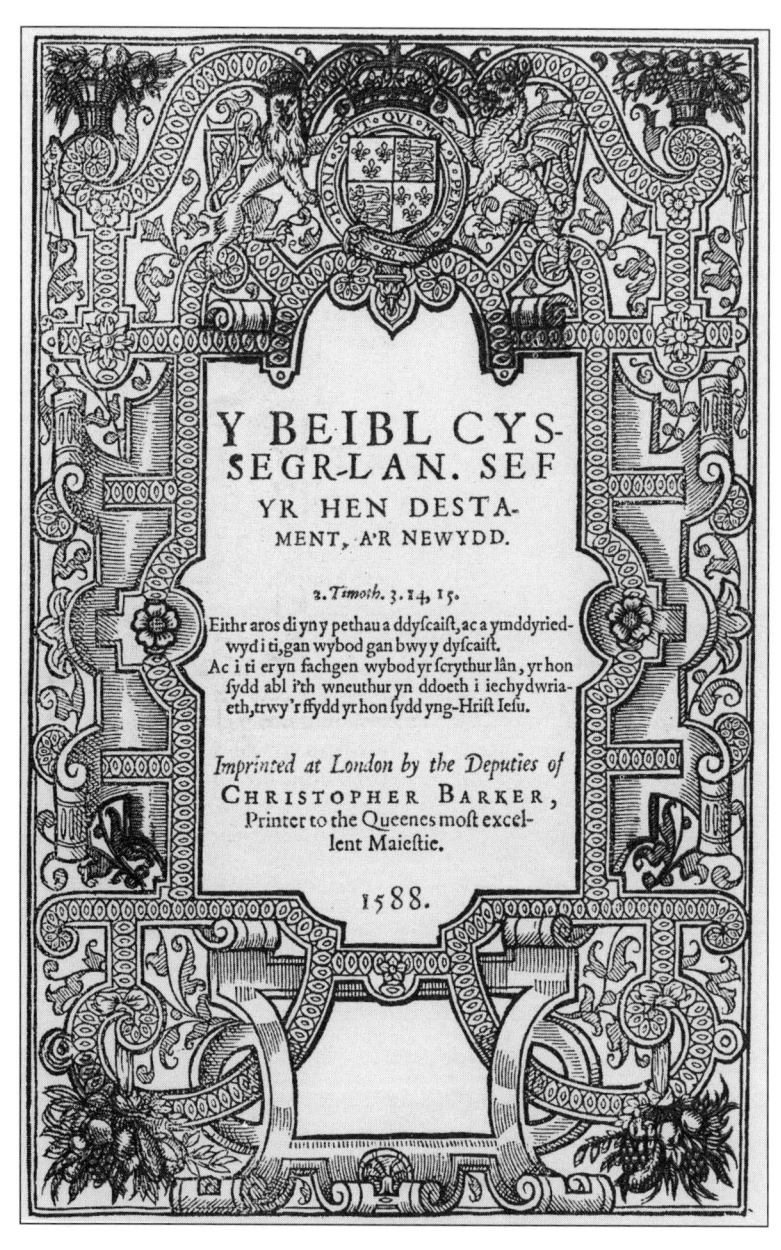

Y BEIBL CYS-
SEGR-LAN. SEF
YR HEN DESTA-
MENT, A'R NEWYDD.

2. *Timoth.* 3. 14, 15.

Eithr aros di yn y pethau a ddyscaist, ac a ymddyried-
wyd i ti, gan wybod gan bwy y dyscaist.
Ac i ti er yn fachgen wybod yr scrythur lân, yr hon
sydd abl i'th wneuthur yn ddoeth i iechydwria-
eth, trwy'r ffydd yr hon sydd yng-Hrist Iesu.

Imprinted at London by the Deputies of
CHRISTOPHER BARKER,
Printer to the Queenes most excel-
lent Maiestie.

1588.

Wyneb-ddalen Beibl 1588

Bu Dr. John Whitgift, a oedd erbyn hyn yn archesgob Caer-gaint, cystal â'i air, a thalodd am argraffu'r gwaith. Cynigiodd hefyd i William Morgan aros yn ei blas ef yn Llundain tra byddai'r gwaith yn mynd drwy'r wasg, ond fel y dywedodd William Morgan yn y Cyflwyniad (Lladin) i'r frenhines Elisabeth ar ddechrau'r Beibl, gwrthododd y cynnig 'am fod Afon Tafwys yn rhannu ac yn gwahanu ei dŷ ef oddi wrth y wasg'. Mae'n amlwg nad oedd yn hoffi'r syniad o gael ei rwyfo dros yr afon, gyda'i thrafnidiaeth brysur, bob nos a bore. Yn hytrach cafodd aros am flwyddyn gyfan gyda Gabriel Goodman, y Cymro Cymraeg o Ruthun oedd yn Ddeon Westminster, a bu hwnnw'n ogystal yn gymorth iddo wrth ddarllen proflenni. I ddyfynnu eto o'r Cyflwyniad:

> arferwn ailddarllen yr hyn yr oeddwn wedi ei gyfieithu yn ei gwmni ef, ac yr oedd mor barod ei gymorth imi, gan fy helpu'n fawr iawn â'i lafur ac â'i gyngor. Hefyd rhoes i mi nifer helaeth o'i lyfrau ei hun, a chaniataodd imi ddefnyddio'r gweddill yn rhydd. Trwy gydol y flwyddyn y bu'r llyfr yn y wasg rhoddodd lety imi, gyda chydsyniad caredig aelodau'r cabidwl [y swyddogion clerigol oedd yn gyfrifol am yr Abaty].

Fis Medi 1588 yr oedd y gwaith yn barod, Y BEIBL CYSSEGR-LAN.

Y mae'n argraffiad hardd. Mewn 'llythyren ddu' *(black letter)*, neu fel y byddai'r Cymry'n eu galw, 'llythrennau blewog', y byddid yn argraffu Beiblau hyd yr ail ganrif ar bymtheg (Beibl Bach 1630 oedd y Beibl Cymraeg cyntaf i gael ei argraffu yn y llythrennau Rhufeinig a ddefnyddir heddiw). Yr oedd border addurnol ar frig y rhan fwyaf o'r llyfrau a motiff ar y diwedd os oedd lle; ar ddechrau pob llyfr yr oedd prif-lythyren fawr addurnol, wyth llinell o ddyfnder, ac un chwe llinell o ddyfnder ar ddechrau pob Salm.

Cyssegr-lan Efengyl Iesu Grist
yn ol S. Ioan.

Addurn ar ddechrau Llyfr, Beibl 1588

Terfyn llyfr y pregeth-wr.

Addurn ar ddiwedd Llyfr, Beibl 1588

Yn ôl gorchymyn y llywodraeth yr oedd wardeniaid y plwy i roi copi ym mhob eglwys cyn y Nadolig, a'r offeiriad a'r plwyfolion i rannu'r gost o £l (gellid prynu buwch go dda neu bedair dafad am bunt). Yn ogystal argraffwyd y Salmau ar wahân, ac yr oedd dau gopi o'r rheini hefyd i'w rhoi ym mhob eglwys. Ni lwyddwyd i gael y Beibl i bob eglwys mewn amser mor fyr; gwyddom oddi wrth gofnod yng nghofrestr y plwy mai ar 26 Tachwedd 1592 y rhoddwyd Beibl yn eglwys Bodfari.

Fel y nodwyd, yr oedd gan William Morgan feistrolaeth lwyr ar yr iaith Gymraeg. A mwy na hynny, yr oedd ganddo synnwyr cyffredin cryf. Gwrthododd hen eiriau Salesbury a'i ddull mympwyol o ysgrifennu. Defnyddiodd ryw gymaint o'r iaith lafar ond nid gormod.

Os oedd iaith Testament Newydd Salesbury yn anodd ei deall yr oedd iaith Y BEIBL CYSSEGR-LAN yn ddealladwy i bawb. Meddai'r bardd Rhys Cain,

> Rhoist bob gair mewn cywair call,
> Rhodd Duw, mor hawdd ei deall.

ac fel y canodd Siôn Tudur o Wicwair, Llanelwy,

> Gosodaist, nodaist yn ôl
> Gymraeg rwydd, Gymro graddol,
> Yn cadw rhuwliad gramadeg
> Yn berffaith, Frytaniaith teg.
> Iaith rwydd gan athro iddyn',
> A phawb a'i dallt, a phob dyn . . .

Yr oedd yr un mor ddealladwy i Gymry'r Nordd a rhai'r Ddeaubarth. Yr oedd William Morgan yn sylweddoli y byddai'n hir iawn cyn y gellid cael digon o gopïau i unigolion gael copi am bris y

PENNOD. I.

1 Yr amſer, a'r llê y prophwydodd Ezeciel. 3 Ei draſcu ef. 5 Gweledigaeth y pedwar aniſail. 26 Gweledigaeth yr orſedd-faingc.

Darfu yn y ddecfed flwyddyn ar hugain yn y pedwerydd [mîs] ar y pummed [dydd] o'r mîs, (a mi ym myſc y gaeth-glud wrth afon Chebar) agoriđ y nefoedd: a gwelwn weledigaeth Dduw.

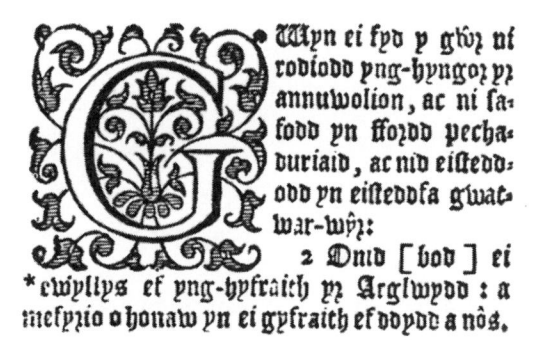

Pſalm. j.

Gwyn ei fyd y gwr ni rodiodd yng-hyngor yr annuwolion, ac ni ſafodd yn ffordd pechaduriaid, ac nid eiſteddodd yn eiſteddfa gwatwar-wyr:

2 Ond [bod] ei *cwplys ef yng-hyfraith yr Arglwydd: a mefyrio o honaw yn ei gyfraith ef ddydd a nôs.

Priflythrennau Beibl 1588

gallent ei fforddio, mai dibynnu ar wrando ar y Beibl yn cael ei ddarllen yn yr eglwysi fyddai raid i'r gynulleidfa am flynyddoedd lawer. Felly rhaid iddo fod yn bleserus i wrando arno; fel y byddai beirdd y cyfnod yn dweud am farddoniaeth, rhaid i'r gwaith greu hyfrydwch i'r glust ac o'r glust i'r galon. Ac felly y mae, gyda rhythm a chyseinedd yn atsain drwyddo.

Y mae Dr. Isaac Thomas, yr arbenigwr pennaf ar gyfieithu'r Ysgrythurau, o'r farn fod cyfieithiad William Morgan o'r Hen Destament gyda'r cywiraf oedd i'w gael yn y cyfnod. Yr oedd wedi ymgynghori yn drylwyr â holl destunau safonol y dydd mewn Lladin, Groeg, Hebraeg, Almaeneg a Saesneg.

Sut y cafodd gyfle i weld y testunau hyn i gyd? Nid oedd ganddo fodd i'w prynu. Yn y Cyflwyniad i'r frenhines Elisabeth mae'n diolch i'w gymwynaswyr: 'Y Parchedig Dadau, Esgobion Llanelwy a Bangor [sef William Hughes, esgob Llanelwy 1573-1600, a Nicolas Robinson, esgob Bangor 1566-85, a oedd yn Gymro llengar Cymraeg er gwaethaf ei enw, ac efallai ei olynydd, Hugh Bellot, esgob Bangor 1585-95], 'rhoesant hwy ar fenthyg imi y llyfrau y gofynnais amdanynt, a gwelsant yn dda archwilio, cloriannu a chymeradwyo'r gwaith hwn.' Nodwyd eisoes (t.47) y cymorth llyfryddol a gafodd gan Gabriel Goodman, perchen llyfrgell odidog oedd yn cynnwys cyfrolau pwysicaf y cyfnod, ac ychwanega, 'Nid dibwys ychwaith oedd yr help a gefais gan David Powel, Doethur mewn Diwinyddiaeth [ficer Rhiwabon], Edmwnd Prys, Archddiacon Meirionnydd, Richard Vaughan [o Nyffryn yn Llŷn, cydymaith iddo yng Nghaer-grawnt], Profost Ysbyty S. Joan, Lutterworth.'

Meddyliwch am faint y llafur! Mae dim ond ysgrifennu'r Beibl o'i gwr yn ddigon i'n dychryn. Â chwilsyn y byddai'n ysgrifennu: yr oedd digon o blu gwyddau ar gael iddo naddu cwils ohonynt. Mae'n debyg mai gwneud ei inc ei hun y byddai, go brin y gellid prynu dim yn Llanrhaeadr. Sut, ac o ble y câi gyflenwad o bapur tybed? Ni feiddiai ef fynd ymhell oddi cartref, ac yr oedd y dref agosaf, Croesoswallt, ddeuddeg milltir i ffwrdd. Ffenestri bychain oedd yn nhai'r cyfnod; yn ystod misoedd y gaeaf rhaid ei fod yn gweithio am oriau meithion wrth olau cannwyll frwyn, neu efallai cannwyll wêr.

Yn Lloegr, pan oedd angen cyfieithiad newydd o'r Beibl, rhannodd archesgob Caer-gaint y gwaith rhwng wyth o esgobion a nifer o urddasolion eglwysig; felly y cafwyd y fersiwn a elwir Beibl yr Esgobion, 1568. Fe wnaeth offeiriad y plwy diarffordd hwn y cyfan ei hun, yn wyneb anawsterau go ddifrifol, a hynny, hyd y gwyddom, heb i neb ofyn iddo, dim ond am ei fod ef ei hun, fel y nododd yn y Cyflwyniad, yn pryderu 'fod pobl Dduw yn marw o newyn am Ei Air Ef . . . Oblegid os na ddysgir crefydd yn iaith y bobl, fe erys yn guddiedig ac anhysbys.'

– 8 –

Llafur Pellach a Dyrchafiad

Wedi gorffen y gwaith mawr nid llaesu dwylo a wnaeth William Morgan ond mynd ymlaen i gywiro'r cyfieithiad, a hefyd i baratoi argraffiad diwygiedig o'r Llyfr Gweddi Gyffredin.

Yn 1589 aeth John Davies, a fu'n ei gynorthwyo yn Llanrhaeadr, i Goleg Iesu, Rhydychen, lle cafodd radd B.A. yn 1593/4. Nid arhosodd yno i orffen cwrs M.A.; y tebyg yw iddo fynd yn ôl at William Morgan i Lanrhaeadr, ac mai William Morgan a fu'n ei baratoi ar gyfer ei ordeinio'n ddiacon ac yn offeiriad.

Yn 1595 dyrchafwyd William Morgan yn Esgob Llandâf, a'r tebyg yw i John Davies a Jaspar Gryffyth fynd i'w ganlyn – mae'r bardd Huw Machno'n sôn am hyn, ac y mae John Davies ei hun yn tystio iddo fyw yng ngogledd, de a chanolbarth Cymru. Penodwyd Jaspar Gryffyth yn rheithor Llanbedr-yn-Henrhiw (Langstone), ger Casnewydd. Nid oes cofnod i John Davies gael bywoliaeth eglwysig; y tebyg yw mai gweithredu fel cynorthwydd personol i'r esgob gyda'i waith llenyddol, ac fel caplan iddo a wnâi ef.

Dydd llun Pasc.

Yr Efengyl.

Ioan.20.1.

Ddydd cyntaf o'r wythnos Mair Fagdalen a ddaeth yn foreu a hi etto yn dywyll, at y bêdd, ac a we- les y maen wedi ei dreiglo oddia y bedd. Yna y rhedodd hi ac a dd- eth at Simon Petr, ac at y difcybl arall yr hwn yr oedd yr Iefu yn garu, ac a ddywedodd wrthynt, hwy a ddygafant yr Arglwydd ymmaith o'r bêdd, ac ni wyddom ni pa le y dodafant ef. Yna Petr a aeth allan, a'r difcybl arall, a hwy a ddaethant at y bêdd. Ac a redafant ill da ar vn-waith, a'r difcybl arall a redodd o'r blaen y gynt na Phetr, ac a ddaeth yn gyntaf at y bêdd. Ac a grymmodd, ac a ganfu y lliainiau wedi eu gofod hyny nid aeth efe i mewn. Yna daeth Simon Pe- gâ ei ganlyn ef, ac a aeth i mewn i'r bêdd, ac a ganf y lliainiau wedi eu gofod yno, a'r napcyn yr hw oedd am ei ben ef, heb ei ofod gyd a'r lliainiau, o o'r naill-tu wedi ei blygu mewn lle arall. Yna aeth y difcybl arall i mewn hefyd, yr hwn a dd the yn gyntaf at y bêdd, ac a welodd, ac a gr odd. Canys hyd yn hyn ni wyddent yr fcrythur bydde raid iddo adgyfodi oddiwrth y meirw. A'r cyblon a aethant drachefn adref.

Dydd Llûn Pâfc.
Y Colect.

Holl-alluog Dduw yr hwn drwy dy vn Mâb fu Grift a orchfygaift angau, ac a agoraift borth y bywyd tragywyddol: yn vfydd yr attolyg i ti, megis (drwy dy rad efpyfol yn ein hachub) wyt yn peri dyfeifiadau da i'n meddyliau, felly dy ddyfal gymmorth allu o honom eu dwyn da, trwy Iefu Grift ein Arglwyd, &c. Amen.

Priflythyren a thestun o Lyfr Gweddi 1599

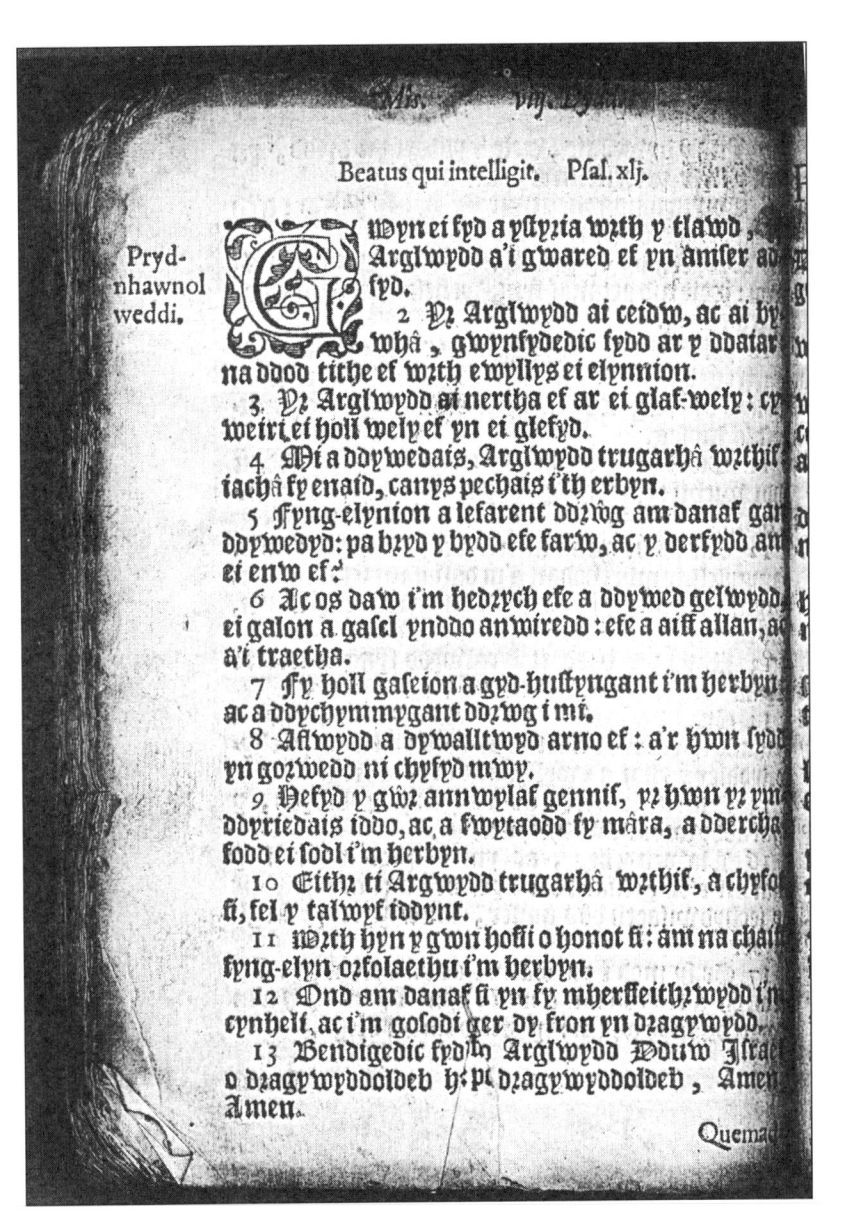

Beatus qui intelligit.   Psal. xlj.

Pryd-
nhawnol
weddi.

GWyn ei fyd a fyfyria wrth y tlawd,
yr Arglwydd a'i gwared ef yn amfer ad-
fyd.
2 Yr Arglwydd ai ceidw, ac ai by-
wha, gwynfydedic fydd ar y ddaiar
na ddod tithe ef wrth ewyllys ei elynnion.
3. Yr Arglwydd a nertha ef ar ei glaf-wely: cy-
weiri ei holl wely ef yn ei glefyd.
4. Mi a ddywedais, Arglwydd trugarha wrthif,
iacha fy enaid, canys pechais i'th erbyn.
5 Fyng-elynion a lefarent ddrwg am danaf gan
ddywedyd: pa bryd y bydd efe farw, ac y derfydd an-
ei enw ef?
6 Ac os daw i'm hedrych efe a ddywed gelwydd
ei galon a gafel ynddo anwiredd: efe a aiff allan, ac
a'i traetha.
7 Fy holl gafeion a gyd-huftyngant i'm herbyn,
ac a ddychymmygant ddrwg i mi.
8 Aflwydd a dywalltwyd arno ef: a'r hwn fydd
yn gorwedd ni chyfyd mwy.
9. Hefyd y gwr annwylaf gennif, yr hwn yr ym
ddyriedais iddo, ac a fwytaodd fy mara, a ddercha-
fodd ei fodl i'm herbyn.
10 Eithr ti Arglwydd trugarha wrthif, a chyfo-
fi, fel y talwyf iddynt.
11 Wrth hyn y gwn hoffi o honot fi: am na chaif
fyng-elyn orfolaethu i'm herbyn.
12 Ond am danaf fi yn fy mherffeithrwydd i'm
cynheil, ac i'm gofodi ger dy fron yn dragywydd.
13 Bendigedic fydd yr Arglwydd Dduw Ifrael
o dragywyddoldeb h: yl dragywyddoldeb, Amen
Amen.

Quema

Priflythyren a Salm o Lyfr Gweddi 1599

Yn 1599 cyhoeddwyd yr argraffiad diwygiedig o'r llyfr Gweddi Gyffredin. Daliodd William Morgan ati hefyd i gywiro'r gwallau argraffu a chamgymeriadau eraill oedd ym Meibl 1588.

Yn Llandâf casglodd yr Esgob o'i amgylch nifer o ysgolheigion protestannaidd llengar o siroedd y gororau oedd yn Gymraeg eu hiaith bryd hynny. Y mae'n bosibl mai ef a ysgogodd Edward James i gyfieithu *Llyfr yr Homilïau*, casgliad o bregethau a gyhoeddwyd yn Saesneg yn 1562 i fod yn batrwm o bregethau i hybu'r Ffydd Newydd, Protestaniaeth Eglwys Loegr. Yr oedd yr Esgob yn gefnogol i James Rhys Parry, 'Eos Eyas', bardd a noddwr beirdd o Lanfihangel Esgle yn sir Henffordd, a luniodd fersiwn mydryddol o'r Salmau ar fesurau rhydd syml, rywdro rhwng 1595 a 1601 efallai. (Teimlai ei fab, George Parry, ficer Dingestow, sir Fynwy, nad oedd y dull yn deilwng o urddas yr Ysgrythur a lluniodd ef gyfieithiad newydd gan ddefnyddio mesurau caeth yn helaeth. Nid argraffwyd gwaith y naill na'r llall.) Yr oedd yr Esgob yn cysylltu ag Edmwnd Prys hefyd ynglŷn â chael fersiwn mydryddol o'r Salmau.

Yn Rhagfyr 1600 anfonodd y Deon Goodman at William Cecil, Arglwydd Burghley, prif weinyddwr y frenhines Elisabeth, yn gofyn am i'r Esgob Morgan gael ei symud i Lanelwy lle'r oedd cyflog esgob ychydig yn fwy, a chael yr archddiaconiaeth yn ogystal, ei fod yn haeddu cydnabyddiaeth am ei lafur mawr a'i gostau wrth gyfieithu'r Beibl i'n hiaith ni – i'n hiaith *ni*, sylwer, prawf fod Goodman, Deon Westminster, yn barod iawn i arddel mai Cymro Cymraeg oedd. Penodwyd William Morgan i Lanelwy yn 1601, ac y mae'n amlwg i John Davies fynd gydag ef. Yn y Plas Gwyn, Y Ddiserth, yr oedd yr esgob yn byw.

Erbyn 1603 yr oedd y Testament Newydd diwygiedig yn barod, ac yn argraffdy Thomas Salisbury (gŵr a Glocaenog, a Chymro

Cymraeg), yn Llundain. Ond yn anffodus, bu pla difrifol iawn yn Llundain y flwyddyn honno; symudodd llawer allan o'r brifddinas ac yn yr holl helynt collwyd y llawysgrif. Y mae'n bosibl fod peth o'r gwaith wedi ei ymgorffori yn Llyfr Gweddi 1599 – y gwahanol gantiglau, y Salmau, darlleniadau o'r Epistolau ac o'r Efengylau ar gyfer pob Sul a Gŵyl yn y flwyddyn eglwysig a brawddegau unigol yma a thraw.

Yr oedd William Morgan yn gymeradwy iawn gan y beirdd; croesawai hwy i'w gartref yn Llanrhaeadr, yn Llandâf ac yn Llanelwy. Fel y nodwd, canwyd pedwar cywydd ar ddeg ac un awdl iddo. Fel y beirdd yr oedd gan yr Esgob ddiddordeb mewn iaith a geirfa, ac y mae'n ddiddorol sylwi bod John Davies wedi dechrau gweithio ar ei eiriadur mor gynnar â 1593.

Mae'n anodd gwybod beth yn union a olygai Huw Machno wrth ddweud i'r Esgob Morgan adeiladu 'esgopty' yn Llanelwy gan y gallai 'esgopty' olygu eglwys gadeiriol yn y cyfnod hwn. Ai codi tŷ newydd i'r esgob a wnaeth ynteu atgyweirio'r eglwys gadeiriol? Mae'n sôn am gario plwm, coed a cherrig. (Tybed a gafodd ef help gan John Davies? Cododd ef dŷ newydd ym Mallwyd, ac adeiladodd rai pontydd yn yr ardal.)

Ond yr oedd y llafur caled a'r trafferthion wedi gadael eu hôl, ac iechyd yr Esgob yn dirywio. Canodd Huw Machno gywydd iddo pan fu'n glaf yn Lloegr (yn Llundain, efallai) yn 1603/4. Mae'n bosibl ei fod yn sylweddoli fod ei ddyddiau wedi eu rhifo; un o'r pethau olaf a wnaeth, 29 Awst 1604, lai na phythefnos cyn iddo farw, oedd penodi John Davies yn rheithor Mallwyd (oedd yn esgobaeth Llanelwy hyd 1859). Bu farw yn Llanelwy 10 Medi 1604, cyn cyrraedd trigain oed. Fe'i claddwyd yn yr eglwys gadeiriol heb nac arysgrif na chofeb i nodi man ei fedd.

– 9 –

Diweddglo

Ni ddarfu am lafur ysgolheigaidd John Davies ar ôl symud i Fallwyd. Aeth ati i astudio Diwinyddiaeth, ac ym Mehefin 1608 enillodd radd Baglor mewn Diwinyddiaeth (B.D.) o Goleg Lincoln, Rhydychen, ac yn 1616 graddiodd yn Ddoethur mewn Diwinyddiaeth (D.D.).

Soniwyd ym Mhennod 2 ei bod yn uchelgais gan wŷr y Dadeni wneud yr ieithoedd brodorol yn ieithoedd Dysg. Golygai hyn y rhaid i ramadeg yr iaith fod yn rheolaidd, y sillafu'n gyson a'r eirfa'n helaeth, ac yr oedd y ddyfais newydd, y wasg argraffu, yn pwysleisio'r angen am gysondeb. I'r beirdd Cymraeg crefft lafar oedd barddoni, a byddai ambell aelod digon teilwng o Urdd y Beirdd yn cael cryn drafferth cyfleu ei waith mewn ffurf ysgrifenedig. Nid doeth bellach gadael i bawb ysgrifennu fel y mynnai.

Wedi treulio cymaint o amser yn cydweithio â William Morgan ni allai John Davies beidio ag ymddiddori mewn geiriau a dulliau ymadrodd. Yr oedd wedi cychwyn ar y dasg enfawr o lunio geiriadur Cymraeg-Lladin mor gynnar â 1593. Ymroes ati o ddifrif ym Mallwyd, yn casglu a chopïo llawysgrifau, a chael eraill i gopïo drosto, er mwyn helaethu geirfa a chael enghreifftiau o sut y defnyddid geiriau a sut y ffurfid brawddegau. Yr oedd cysylltiad teuluol rhyngddo a Robert Vaughan, Hengwrt, Llanelltud, perchen y llyfrgell orau yng Nghymru. Canlyniad hyn oll oedd cyhoeddi gramadeg o'r iaith Gymraeg yn 1621, *Antiquae Linguae Britannicae . . . Rudimenta*, ac yn 1632 y *Dictionarium Duplex*, sef Geiriadur Dwbl, Cymraeg-Lladin a Lladin- Cymraeg, y cyfan yn Lladin am mai hi oedd iaith ysgolheigion pob gwlad a'i bod yn croesi pob ffin. Byddai hyn yn gosod y Gymraeg ar yr un lefel ag ieithoedd dysgedig Ewrop. Yr oedd Syr John Morris-Jones yn hael ei glod i'r Gramadeg. Yn ei Ragair i'w *Welsh Grammar* ef ei hun tystia fod dadansoddiad John Davies o'r iaith lenyddol yn derfynol, ac mai dim ond egluro a helaethu manylion a adawodd i'w ddilynwyr.

Am Jaspar Gryffyth bu yntau hefyd yn casglu a chopïo llawysgrifau Cymraeg; mae ei enw i'w weld mewn llythrennau Hebraeg ar amryw a fu yn ei feddiant. Gofalodd Gabriel Goodman amdano; cafodd rai bywiolaethau drwyddo ef a bu'n Warden Ysgol Ramadeg Rhuthun, ysgol a sefydlwyd gan Goodman, o 1599 hyd 1606. Yr oedd hefyd yn ficer Hinckley, sir Gaer-lŷr, ac yno y bu farw yn 1614.

§

Erbyn dechrau'r ail ganrif ar bymtheg teimlid bod angen diwygio'r cyfieithiad Saesneg o'r Beibl a chafwyd fersiwn awdurdodedig yn 1611. I'r Esgob Richard Parry, olynydd William Morgan yn Llanelwy, yr ymddiriedwyd diwygio'r cyfieithiad Cymraeg, ond John Davies (bellach Dr. John Davies, Mallwyd) fu'n bennaf gyfrifol am y gwaith (yr oedd gwraig John Davies a gwraig yr Esgob yn ddwy chwaer). Ychydig iawn o waith cywiro oedd ar Feibl William Morgan; yr hyn a wnaeth John Davies yn bennaf oedd dileu rhai ffurfiau tafodieithol a rhoi gwedd fwy llenyddol a gramadegol gywir ar y cyfan.

§

Y mae'n amhosibl mesur na gwerthfawrogi'n llawn ddyled y genedl i'r Beibl Cymraeg.

Cael Gair Duw, sylfaen ein ffydd, yn ein hiaith ni ein hunain. Wrth wrando ac esbonio a thrafod daethom i wybod llawer, llawer mwy am ei gynnwys a'i neges; fe ddyfnhaodd ein profiad crefyddol a chyfoethogi addoli. Dyma ffynhonnell y cyfoeth emynau sydd gennym, a'r diwylliant beiblaidd a oedd yn rhan mor hanfodol o fywyd y genedl hyd yn ddiweddar.

Ac fe wnaeth gymwynas arall, anfesuradwy, na allwn byth ddiolch digon amdani. Mewn cyfnod pan nad oedd gennym na phrifysgol nac ysgolion, nac un dim i osod safon a chadw cywirdeb iaith a heb fod yn ymwybodol o gywirdeb buan iawn y mae iaith yn dirywio, yn dadfeilio ac yn darfod – mewn cyfnod o'r fath rhoddodd y Beibl Cymraeg i'r genedl iaith lenyddol, safonol, urddasol a chyfoethog, a ddaeth yn batrwm i bawb oedd am ysgrifennu Cymraeg graenus a thraethu'n gyhoeddus. Bydd y Saeson, wrth gyfeirio at iaith safonol, yn sôn am *the Queen's English*; i'r Cymry, y safon yw 'Cymraeg y Beibl'.

DARLLEN PELLACH

HUWS, Daniel
Medieval Welsh Manuscripts (University of Wales Press and The National Library of Wales, 2000), pennod 9.

EDWARDS, Ifan ab Owen, 'William Morgan's Quarrel with his parishioners at Llanrhaeadr ym Mochnant' *The Bulletin of the Board of Celtic Studies*, III (1926), 298-339.

THOMAS, Isaac
William Morgan a'i Feibl (Caerdydd 1988) (Cyfres Llyfrau Gŵyl Ddewi).

THOMAS, Isaac
Y Testament Newydd Cymraeg, 1551-1620 (Caerdydd 1976).

THOMAS, Isaac
Yr Hen Destament Cymraeg, 1551-1620 (Aberystwyth, 1988).

ROBERTS, G. J.
Yr Esgob William Morgan (Dinbych, 1955).

GRUFFYDD, Geraint
'*Y Beibl a droes i'w bobl draw*' (Y Gorfforaeth Ddarlledu Brydeinig, 1988). Cynnwys y gyfrol gopi o'r awdl a'r pedwar cywydd ar ddeg a ganwyd i William Morgan.

WILLIAMS, Glanmor
Bywyd ac Amserau'r Esgob Richard Davies (Caerdydd, 1953).

DAVIES, Ceri
John Davies o Fallwyd (Cyfres Llên y Llenor, Gwasg Pantycelyn, 2001).

Gol. HUGHES, Garfield H.
Rhagymadroddion 1547-1659 (Caerdydd, 1951), penodau III a IV.

Gol. a Chyf. DAVIES, Ceri
Rhagymadroddion a Chyflwyniadau Lladin 1551-1632 (Caerdydd, 1980), penodau I a V.